EL MENSAJE PERDIDO

RESTAURANDO EL CORAZÓN DEL EVANGELIO EN LA IGLESIA DE HOY

DIEGO COLON BATIZ

ISBN: 979-8-9933302-4-2
Library of Congress Control Number: 2026904426
Publicadora 'Diego Colon Ministries'.
Teléfono: 407-900-1995
Email: pastor.diegocolon@gmail.com
Orlando, Florida, EE. UU

Creado por: Diego Colon Ministries
Diseños: Diego Colón

Dedicatoria

A Dios Todopoderoso, quien sigue siendo el centro de mi vida, el autor del mensaje eterno y la fuente de toda gracia. A Ti dedico cada palabra, porque eres quien me rescató, me llamó y me sostiene. Este libro no es más que un eco de Tu voz, y toda gloria y honra pertenecen solo a Ti.

A mi amada familia, quienes han caminado conmigo en obediencia y fe. Su amor y apoyo constante han sido testimonio vivo de la fidelidad de Dios en medio de cada proceso. Juntos hemos aprendido que servir al Señor no es un sacrificio, sino un privilegio, y que la mayor herencia que podemos dejar es un hogar edificado en Su Palabra.

Y dedico también estas páginas a todos aquellos creyentes que, con pasión e integridad, se aferran a la verdad en un mundo saturado de confusión. Ustedes son faros encendidos en medio de la tormenta, ejemplos de que aún se puede permanecer firmes sin ceder a la presión de un evangelio diluido. Este libro es para animarlos a seguir adelante, recordándoles que no están solos y que el mensaje de Cristo sigue vivo y transformando vidas.
Con gratitud y esperanza.

PROLOGO

Esta obra nos sitúa en una mirada crítica a la realidad de la Iglesia y al comportamiento de cada cristiano en un tiempo marcado por la confusión espiritual. En medio de múltiples voces y enfoques, el mensaje del Evangelio continúa siendo luz y claridad para discernir el camino correcto y actuar conforme a la verdad. El libro invita al lector a examinar con honestidad cómo se está viviendo la fe en el contexto actual.

Desde esta perspectiva, el Obispo Diego Colón Batiz confronta la necesidad de redescubrir y actualizar el mensaje central del cristianismo sin alterar su esencia. La obra señala con claridad que el problema no es el Evangelio, sino la forma en que ha sido desplazado, diluido o reinterpretado en la práctica cotidiana de la Iglesia.

El libro resalta que Cristo debe ocupar nuevamente el centro de todo lo que se vive y se practica dentro y fuera de la Iglesia. Vivir el Evangelio, según se presenta en estas páginas, implica asumir la Palabra como un estilo de vida coherente, visible y transformador, capaz de reflejar el corazón genuino del mensaje cristiano.

Yattenciy Bonilla

PREFACIO

Al observar el rumbo de la Iglesia en estos tiempos, mi corazón se llena de una mezcla de dolor y de esperanza. Dolor, porque he visto de cerca cómo se ha perdido el mensaje central del evangelio entre extremos que han polarizado el cuerpo de Cristo. Algunos han caído en un estancamiento espiritual, aferrándose a formas vacías sin vida ni poder. Otros han abrazado un libertinaje disfrazado de gracia, diluyendo la verdad para no incomodar. En ambos casos, el resultado es el mismo: una Iglesia debilitada, sin la autoridad ni la fuerza que caracterizaba a la iglesia primitiva.

Este libro nace de años de observar con lágrimas y oración la realidad de congregaciones y ministerios que parecen prósperos en lo externo, pero que han perdido el poder interno que viene de vivir en obediencia radical a Cristo. La polarización no es un asunto menor: ha dividido pastores, ministerios y familias espirituales, creando trincheras donde debería haber unidad. He visto líderes más comprometidos con defender sus posiciones que con predicar a Cristo, y creyentes convencidos de que están firmes cuando, en verdad, están espiritualmente hipnotizados.

No ha sido fácil escribir estas páginas. Quise, en cada capítulo, hablar con la verdad de la Palabra sin caer en ataques ni en generalizaciones. La Iglesia sigue siendo el cuerpo de Cristo, y escribir sobre sus fallas es delicado, porque corremos el riesgo de herir lo que Cristo ama. Sin embargo, la misma Escritura nos muestra que amonestar, confrontar y corregir es una expresión del amor verdadero. Pablo corrigió con firmeza a las iglesias en sus cartas, no para destruirlas, sino para restaurarlas. Ese ha sido también mi propósito.

Este libro no es una crítica desde la distancia, sino un clamor desde adentro. Yo mismo he sido parte de esa tensión: entre el deseo de agradar a la gente y la necesidad de agradar a Dios; entre callar para no incomodar y hablar para no perder el alma de aquellos que amo. Por eso escribo con la conciencia de que no soy un juez, sino un pastor llamado a señalar el peligro y a guiar hacia el refugio seguro que es Cristo.

No pretendo que este libro tenga todas las respuestas, pero sí busco que provoque preguntas sinceras en el corazón del lector. Si al terminar estas páginas alguien se detiene a examinar su vida y ministerio a la luz de la Palabra; si una iglesia local decide volver a lo esencial; si un líder entiende que no se trata de números, sino de fidelidad; entonces habrá valido la pena el esfuerzo.

Agradezco a Dios por la carga que puso en mi corazón para escribir estas líneas, porque sin su Espíritu no tendría fuerza ni dirección. Agradezco también a mi familia, que ha estado a mi lado en este proceso, compartiendo mi pasión y mis desvelos. Y agradezco a cada hermano y hermana en la fe que ha orado y apoyado mi ministerio, recordándome que no camino solo.

Mi oración es que este libro sea un instrumento que despierte conciencias, que sane corazones y que nos llame a todos a volver al corazón del evangelio. Que el lector no vea en estas páginas solo un análisis de la Iglesia moderna, sino una voz que, con amor y firmeza, nos llama a arrepentirnos, a restaurarnos y a vivir el mensaje que nunca debió perderse.

INTRODUCCIÓN

Leer un libro es siempre entrar en una conversación. A veces conversamos con ideas, otras con testimonios, y otras con desafíos que nos mueven a cambiar. Este libro no pretende ser un tratado académico, ni tampoco un manual rígido de estudio, sino una invitación a dialogar con el mensaje del evangelio en medio de una época donde muchos lo han perdido de vista. *El mensaje perdido* nace del deseo de volver al centro: Cristo mismo, su verdad y su llamado a vivir en unidad, santidad y amor.

Vivimos tiempos en que la fe suele reducirse a dos extremos: el espectáculo que entretiene, o la rutina que adormece. Ambos desvían del verdadero propósito: ser discípulos que reflejan a Cristo en el mundo. Por eso, cada capítulo está diseñado con un formato pedagógico claro: una introducción y tres subtemas, cada sección con reflexiones bíblicas, ejemplos prácticos, citas de la Escritura y aplicaciones pastorales. El estilo no busca complejidad, sino profundidad: pocas palabras, pero pensadas para abrir camino al corazón.

Este libro puede leerse de principio a fin como una obra unitaria, pero también puede usarse como herramienta de enseñanza y discipulado. Cada capítulo se presta para la meditación personal, la reflexión en grupos pequeños o la discusión en contextos de formación de líderes. No encontrarás aquí un manual con ejercicios formales, pero sí un texto que abre puertas para el diálogo, la confrontación con la Palabra y la aplicación práctica. Al final, incluso hallarás un conjunto de preguntas de reflexión por capítulo, diseñadas para quienes deseen profundizar más allá de la lectura.

El propósito no es llenar la mente de información, sino formar el carácter cristiano en medio de la polarización moderna. La pregunta que guía todo este camino es sencilla y radical: ¿estamos viviendo el evangelio, o lo hemos reducido a discursos y apariencias? A partir de esta pregunta se organizan los capítulos en tres partes:

- La **Parte 1** nos lleva a redescubrir el verdadero mensaje y sus fundamentos.
- La **Parte 2** nos confronta con los peligros de sustituir lo esencial por lo superficial.
- La **Parte 3** nos desafía a vivir la fe de manera íntegra, personal y comunitaria, mostrando que el mensaje está vivo solo si lo encarnamos.

Cada capítulo está tejido con la Escritura como base y con un tono pastoral que busca edificar. No se trata de atacar denominaciones, ni de levantar banderas humanas, sino de volver a Cristo y su Palabra. Por eso encontrarás exhortación firme, pero también misericordia, porque el evangelio no condena al que se arrepiente, sino que lo restaura. El lector hallará no solo advertencias, sino también caminos de gracia para volver al altar, a la comunión y a la fidelidad.

Este libro no reemplaza la Biblia ni la vida devocional, sino que quiere ser un compañero de camino que apunte siempre hacia ellas. La meta es que, al terminar cada capítulo, no solo tengas más claridad doctrinal, sino también un llamado práctico para tu vida personal y comunitaria. El verdadero fruto será que cada lector ore más, busque más de Cristo y se comprometa más con vivir el evangelio.

En tiempos de confusión, el mayor peligro no es la oposición externa, sino el descuido interno. No perdemos la verdad de un día para otro, sino cuando poco a poco dejamos de escuchar al Señor en lo secreto y empezamos a conformarnos con sustitutos. Este libro quiere levantar una advertencia amorosa: todavía estamos a tiempo de volver, de restaurar el altar y de abrazar de nuevo el mensaje que nunca deja de ser vida y poder de Dios.

Te invito a leer con oración, con apertura de corazón y con disposición a ser transformado. Que cada página sea una chispa que encienda hambre por Dios, y que cada reflexión te lleve a la práctica. Como dijo el apóstol Pablo en 1 Tesalonicenses 2:13: *"cuando recibisteis la palabra de Dios que oísteis de nosotros, la recibisteis no como palabra de hombres, sino según es en verdad, la palabra de Dios, la cual actúa en vosotros los creyentes."* Esa es nuestra esperanza: que la Palabra actúe en ti mientras avanzas por este camino.

TABLA DE CONTENIDO

PARTE 1
LA IGLESIA POLARIZADA
CUANDO SE PERDIÓ EL MENSAJE

2 Corintios 11:4

Porque si viene alguno predicando a otro Jesús que el que os hemos predicado, o si recibís otro espíritu que el que habéis recibido, u otro evangelio que el que habéis aceptado, bien lo toleráis.

CAPÌTULO 1
LA FALSA SEGURIDAD DEL CRECIMIENTO NUMÈRICO

Mateo 7:21-23

No todo el que me dice: Señor, Señor, entrará en el reino de los cielos, sino el que hace la voluntad de mi Padre que está en los cielos. Muchos me dirán en aquel día: Señor, Señor, ¿no profetizamos en tu nombre, y en tu nombre echamos fuera demonios, y en tu nombre hicimos muchos milagros? Y entonces les declararé: Nunca os conocí; apartaos de mí, hacedores de maldad.

Introducción

La iglesia de hoy enfrenta una de las confusiones más peligrosas en su historia: creer que el número de asistentes es equivalente al éxito espiritual. Muchos celebran auditorios llenos sin detenerse a evaluar si hay vidas verdaderamente transformadas. El número ha reemplazado al fruto como la medida de avance en el Reino de Dios. Esta distorsión ha creado una falsa seguridad en líderes y congregaciones. La multitud impresiona, pero no necesariamente significa madurez.

Jesús mismo enfrentó multitudes que lo seguían, pero que no lo comprendían. Lo buscaban por los panes y los milagros, no por el costo de seguirlo. Cuando sus palabras se volvieron duras, muchos se apartaron de Él. Esto demuestra que no toda multitud es fiel. La cantidad nunca garantizó calidad en el Reino.

La iglesia primitiva nos muestra un ejemplo diferente. Aunque Dios añadía a los que habrían de ser salvos, el énfasis estaba en la perseverancia en la doctrina, la comunión, la oración y el partimiento del pan. No se trataba de llenar templos, sino de formar un cuerpo unido en fe y carácter. El crecimiento era producto de la vida en Cristo, no de estrategias humanas. La prioridad siempre fue la transformación interior.

Hoy el concepto de éxito ministerial se ha contaminado con métricas del mundo empresarial. Se miden logros en asistentes, programas y presupuestos, pero se ignoran aspectos espirituales más profundos. Las cifras se convierten en trofeos que alimentan el orgullo, mientras que la madurez del pueblo de Dios pasa a un segundo plano. Esta es la raíz de una falsa seguridad que está debilitando a la iglesia.

Cada creyente debe preguntarse: ¿mido mi vida espiritual por lo que aparento o por lo que realmente vivo en Cristo? Es fácil confundir actividad con espiritualidad, pero no son lo mismo. Podemos estar rodeados de programas y aún carecer de fruto espiritual. La raíz de la fe está en la obediencia, no en la asistencia. El verdadero éxito siempre se mide por la fidelidad a la Palabra.

Los líderes también necesitan examinar con honestidad sus motivaciones. ¿Predicamos para agradar a la multitud o para formar discípulos? ¿Buscamos reconocimiento humano o aprobación divina? El peligro de usar el número como referencia principal es que nos lleva a diluir el mensaje. Se convierte en un ministerio para agradar en lugar de transformar. El éxito no está en llenar auditorios, sino en llenar vidas de Cristo.

El crecimiento numérico no es malo en sí mismo, pero nunca debe convertirse en el fin. Es posible que Dios permita multitudes, pero siempre con el propósito de formar discípulos. Cuando el número desplaza el discipulado, hemos perdido el rumbo. El mensaje del evangelio no se trata de cantidad, sino de calidad espiritual. Solo así la iglesia podrá sostener un crecimiento genuino.

El número de asistentes reemplazó el discipulado

En muchos lugares, la asistencia a la iglesia se ha confundido con el discipulado. La gente cree que con sentarse en un banco ya cumple con su deber espiritual. Sin embargo, Jesús no dijo "vayan y hagan asistentes", sino "vayan y hagan discípulos". La diferencia es crucial y determina el futuro de la iglesia. La asistencia entretiene, el discipulado transforma.

Las multitudes que seguían a Jesús buscaban pan y milagros, pero no querían cargar la cruz. Cuando Él habló de negarse a sí mismos y de comer su carne, muchos retrocedieron. Esto refleja que lo superficial siempre se aparta cuando hay confrontación. El verdadero discipulado se prueba en la obediencia y en la renuncia. Lo que se busca no es cantidad, sino fidelidad.

El discipulado requiere inversión de tiempo, corrección y rendición. No puede reducirse a un evento dominical. Se forma en la vida diaria, en la enseñanza de la Palabra y en la relación cercana con otros creyentes. El número no sustituye la transformación del carácter. Dios busca discípulos que vivan su fe, no asistentes que calienten bancas.

Cuando la meta es llenar sillas, el mensaje se diluye. Los sermones se diseñan para agradar y no para confrontar. Se habla de motivación y éxito personal, pero se evita hablar de arrepentimiento y santidad. Esto genera creyentes superficiales que resisten la corrección. El discipulado, en cambio, no teme confrontar porque su meta es la madurez.

Preguntémonos: ¿estoy buscando ser un discípulo o un asistente? ¿Estoy dispuesto a ser confrontado y corregido? Muchos buscan comodidad en la multitud, pero el discipulado exige rendición. Cristo no busca consumidores, sino seguidores transformados. Allí está la verdadera medida de crecimiento.

Aun en medio de esta confusión, la gracia de Dios ofrece un camino de regreso. El Espíritu Santo sigue levantando líderes dispuestos a formar discípulos. Iglesias que ponen la Palabra en el centro todavía producen fruto verdadero. El discipulado nunca pasará de moda porque es el método de Cristo. El número podrá engañar, pero el fruto permanece.

El éxito de la iglesia no está en cuántos se congregan, sino en cuántos reflejan a Cristo. El discipulado genuino pesa más que cualquier estadística. Lo numérico puede impresionar a los hombres, pero lo espiritual impacta la eternidad. La iglesia debe volver a esta verdad si quiere cumplir su misión. Sin discipulado, el crecimiento es solo apariencia.

Megaiglesias sin profundidad

Las llamadas megaiglesias se han convertido en símbolo de éxito ministerial. Sus edificios imponentes y auditorios llenos generan admiración. Sin embargo, el tamaño no garantiza profundidad espiritual. Es posible tener multitudes y aún así carecer de raíces en la Palabra. El brillo externo puede ocultar la falta de madurez interna.

La iglesia primitiva creció, pero siempre en torno al discipulado y a la vida en comunidad. Compartían bienes, oraban juntos y se exhortaban mutuamente. Este modelo es difícil de sostener en contextos masivos donde reina el anonimato. Cuando se pierde la cercanía, se debilita la formación. La multitud no sustituye la comunión real.

El problema no es el tamaño, sino la falta de profundidad. Una iglesia grande puede ser saludable si prioriza el discipulado. Pero muchas veces la grandeza se mide por programas, luces y espectáculos. Se confunde asistencia con éxito espiritual. Sin raíces firmes, la multitud es como arena que se disuelve en la tormenta.

Los líderes de megaiglesias enfrentan el desafío de no convertirse en gerentes de multitudes. El pastoreo no puede delegarse únicamente a sistemas administrativos. El pueblo de Dios necesita cuidado cercano, exhortación y formación. La grandeza de la iglesia no está en el escenario, sino en la fidelidad del altar. La multitud debe ser llevada a comunión, no solo a consumo.

El creyente debe examinar sus motivaciones. ¿Busco anonimato en una multitud o transformación en un discipulado cercano? Es más fácil esconderse en una megaiglesia, pero Cristo nos llama a la luz. La comodidad del anonimato es un peligro para la vida espiritual. La fe se nutre en relación, no en espectáculo.

A pesar de las deficiencias, Dios aún obra en las grandes congregaciones. Siempre hay núcleos de discipulado fiel que permanecen firmes. El tamaño no limita al Espíritu Santo. Lo que determina la salud es la obediencia a la Palabra. Una megaiglesia puede ser profunda si se rinde al diseño de Cristo.

La verdadera grandeza de una iglesia no está en su tamaño, sino en su fruto. Una pequeña congregación puede transformar una ciudad si permanece fiel. Y una iglesia gigante puede ser estéril si vive en espectáculo. Lo que trasciende no es la multitud, sino la madurez. El Reino se mide en discípulos, no en multitudes.

Confusión entre éxito ministerial y éxito spiritual

Hoy muchos líderes confunden éxito ministerial con éxito espiritual. Se enfocan en números, plataformas y actividades visibles. Pero Dios no evalúa según las métricas humanas. El ministerio puede impresionar al hombre, pero solo la obediencia agrada a Dios. La apariencia nunca sustituye la fidelidad.

En la Biblia, los profetas no fueron medidos por multitudes, sino por obediencia. Jeremías fue rechazado, pero fue fiel a la voz de Dios. Pablo enfrentó prisiones, pero dejó un legado eterno. El éxito espiritual no se mide en cifras, sino en permanencia en Cristo. La eternidad revelará lo verdadero.

La mentalidad moderna ha adoptado patrones empresariales. Se habla de metas, resultados y productividad como si el Reino fuera una compañía. Aunque la organización es útil, nunca puede reemplazar la dirección del Espíritu. No somos llamados a producir clientes, sino discípulos. El Reino no se mide por estadísticas, sino por fidelidad.

Este error también genera competencia entre ministerios. Muchos buscan ser más grandes o reconocidos que otros. Se olvida que la iglesia es un solo cuerpo y que los dones provienen de Dios. El orgullo ministerial se disfraza de celo espiritual. Pero el Señor exalta al humilde y resiste al soberbio.

Cada creyente debe reflexionar en qué admira de un ministerio. ¿Es la fama o la fidelidad? Muchos siguen a líderes por su popularidad, no por su fruto. Esto crea ídolos modernos disfrazados de espiritualidad. Cuando el ministerio sustituye a Cristo, se pierde el rumbo. La lealtad siempre debe ser a Él.

Aun así, Dios llama a restaurar la perspectiva correcta. El éxito espiritual se mide en obediencia y fruto del Espíritu. Los ministerios fieles permanecen, aunque no tengan multitudes. El cielo no se impresiona con escenarios, sino con corazones rendidos. El Espíritu Santo está alineando a la iglesia a la medida divina.

La iglesia debe recuperar el verdadero concepto de éxito. Más que plataformas, necesita altares. Más que multitudes, necesita discípulos fieles. Más que fama, necesita obediencia. El éxito ministerial sin éxito espiritual es vacío. Lo eterno siempre supera lo temporal.

CAPÌTULO 2
EL EVANGELIO PERSONALIZADO: COMODIDAD SOBRE CONFRONTACIÓN

2 Timoteo 4:3-4

Porque vendrá tiempo cuando no sufrirán la sana doctrina, sino que teniendo comezón de oír, se amontonarán maestros conforme a sus propias concupiscencias, y apartarán de la verdad el oído y se volverán a las fábulas.

Introducción

Vivimos en una era donde el evangelio ha sido moldeado para complacer al oyente. El mensaje que antes llamaba al arrepentimiento ahora muchas veces se presenta como un discurso de motivación personal. La cruz ha sido suavizada para no ofender sensibilidades, y la santidad reemplazada por aceptación cultural. Esta adaptación busca atraer multitudes, pero pierde la esencia de Cristo. La comodidad ha sustituido la confrontación que transforma.

El peligro de un evangelio personalizado es que deja de ser el evangelio de Jesucristo. Se convierte en un producto de consumo, diseñado para agradar al público. Ya no se predica lo que Dios manda, sino lo que la gente quiere escuchar. Este fenómeno está produciendo generaciones de creyentes débiles. Su fe depende de emociones, no de convicciones firmes en la Palabra.

La Biblia nos advierte que este tiempo llegaría. Pablo advirtió a Timoteo sobre aquellos que no soportarían la sana doctrina. En su lugar, buscarían maestros que dijeran lo que sus oídos desean. Esta profecía describe con exactitud lo que vemos hoy. El evangelio adaptado a gustos humanos nunca salvará ni transformará.

Un mensaje cómodo no produce arrepentimiento. Las multitudes pueden aplaudir, pero sus vidas permanecen sin cambio. La confrontación es necesaria porque revela la condición real del corazón. El amor de Dios no excluye la verdad, sino que la incluye como parte esencial. Un evangelio sin confrontación no es amor, es engaño.

El evangelio personalizado apela a las emociones más que al espíritu. Promete éxito, prosperidad y felicidad, pero evita hablar de pecado y juicio. Ofrece promesas sin costo, pero sin llamado al sacrificio. Este mensaje no prepara al creyente para la prueba ni para la eternidad. Es un evangelio superficial que no sostiene en la tormenta.

La iglesia está en riesgo de convertirse en un espacio de entretenimiento espiritual. La música, las luces y los mensajes motivacionales atraen, pero no forman discípulos. La comodidad adormece la conciencia y neutraliza la urgencia de buscar a Dios. Mientras tanto, el mundo sigue necesitando el mensaje verdadero. La iglesia pierde autoridad cuando se acomoda.

El llamado de Cristo nunca fue a una vida cómoda, sino a tomar la cruz y seguirle. Un evangelio que no incomoda no es el evangelio de Jesús. La comodidad crea creyentes tibios, pero la confrontación produce verdaderos discípulos. Si la iglesia quiere recuperar poder, debe recuperar el mensaje original. Solo la verdad predicada con amor tiene poder para salvar.

Mensajes hechos a la medida del oyente

El evangelio moderno muchas veces se diseña como un traje a la medida de la audiencia. Se estudia lo que la gente quiere oír y se les ofrece exactamente eso. El problema es que lo que agrada al oído rara vez confronta el pecado. Así, el púlpito deja de ser un altar para convertirse en un escenario. El mensaje se adapta a la demanda en lugar de la verdad.

En la Palabra vemos que Jesús nunca personalizó el mensaje para agradar. Cuando habló con el joven rico, no le ofreció un evangelio cómodo, sino que lo desafió a venderlo todo. Su reacción fue marcharse triste porque el costo era demasiado. Hoy, en cambio, muchos predicadores temen perder seguidores. Prefieren suavizar la verdad antes que incomodar al oyente.

Este tipo de mensaje crea creyentes frágiles que solo buscan sentirse bien. El evangelio se convierte en una terapia motivacional más que en una llamada al arrepentimiento. El pecado se minimiza y la gracia se presenta como licencia para seguir igual. La confrontación desaparece, pero también la transformación. El evangelio personalizado no cambia vidas, solo entretiene.

El peligro es que estos mensajes dan la ilusión de espiritualidad. La gente cree que está creciendo porque asiste y se emociona. Pero la emoción no es sinónimo de madurez. El fruto del Espíritu no surge de palabras hechas a medida, sino de la verdad. El evangelio verdadero no se ajusta al hombre, el hombre debe ajustarse al evangelio.

La Biblia es clara al señalar que el corazón humano engaña. Si el mensaje se adapta al corazón del hombre, nunca lo corregirá. La Palabra debe cortar como espada, revelando la verdad del alma. Un evangelio complaciente no hiere, y por lo tanto no sana. Solo lo que confronta puede restaurar verdaderamente.

La iglesia que predica un mensaje personalizado puede crecer en número, pero decrece en poder. El Espíritu Santo no respalda lo que se predica para agradar al hombre. La autoridad espiritual se pierde cuando se sustituye la verdad por entretenimiento. La multitud aplaude, pero el cielo guarda silencio. Donde no hay verdad, no hay transformación.

El llamado es a volver al mensaje original, aunque incomode. El evangelio no es un producto que se adapta al consumidor. Es la verdad eterna que transforma a quienes se rinden a Cristo. No necesita adornos para ser efectivo. El poder no está en lo agradable, sino en lo verdadero.

Eliminación de la cruz, el sacrificio y la santidad

El evangelio adaptado elimina todo lo que pueda resultar duro al oído. La cruz, el sacrificio y la santidad son temas que casi no se mencionan. Se reemplazan por promesas de bienestar y plenitud inmediata. El mensaje se vuelve atractivo, pero pierde su esencia. Sin cruz no hay evangelio.

Jesús dijo claramente que quien no toma su cruz no es digno de Él. Pero en muchos púlpitos modernos, la cruz se considera un obstáculo para atraer a la gente. El sacrificio se evita y la santidad se sustituye por aceptación sin exigencias. Este cambio crea cristianos sin raíces espirituales. Un evangelio sin cruz es un engaño mortal.

El sacrificio siempre ha sido parte de la vida cristiana. Desde los primeros creyentes, seguir a Cristo significaba renunciar, sufrir y perseverar. Hoy, sin embargo, se predica una fe sin costo. Se presenta un camino ancho y cómodo que no existe en la Escritura. Este falso evangelio promete todo sin pedir nada.

La santidad ha sido reemplazada por un concepto de tolerancia sin límites. Se habla de amor, pero se elimina la verdad que confronta. La cultura dicta lo que la iglesia debe aceptar, y muchos líderes ceden para no perder influencia. Pero sin santidad nadie verá al Señor. La iglesia pierde su identidad cuando deja de ser diferente al mundo.

Un evangelio sin cruz no prepara al creyente para la prueba. Cuando llega la adversidad, muchos abandonan la fe porque nunca entendieron el costo. La persecución revela la superficialidad de un evangelio cómodo. La cruz, en cambio, da firmeza y propósito. El sacrificio produce perseverancia y carácter aprobado.

La historia de la iglesia demuestra que la fe verdadera florece en medio del sacrificio. Las épocas de mayor avivamiento fueron aquellas donde el costo era alto. La cruz siempre ha sido el símbolo de victoria. Eliminarla es eliminar el poder de Dios. Lo que queda es solo religión vacía.

La iglesia necesita volver a predicar la cruz con valentía. No hay evangelio sin santidad ni discipulado sin sacrificio. El amor verdadero no oculta la verdad, la proclama con misericordia. Cristo nos llamó a morir para vivir en Él. Solo abrazando la cruz se experimenta la plenitud del evangelio.

Cristianos satisfechos emocionalmente, pero vacíos espiritualmente

El resultado de un evangelio personalizado es una generación de cristianos satisfechos emocionalmente, pero vacíos espiritualmente. Buscan sentirse bien, pero no buscan ser transformados. La adoración se convierte en una experiencia sensorial más que en un acto de entrega. La fe se mide en emociones, no en obediencia. Esto ha creado creyentes frágiles que se derrumban ante la prueba.

Las emociones no son malas, pero no pueden ser el fundamento de la fe. El gozo verdadero no depende de un ambiente, sino de una relación con Cristo. Sin embargo, muchos solo permanecen firmes mientras todo va bien. En cuanto la prueba llega, se tambalean. Esto es fruto de un evangelio que no enseñó a perseverar.

El peligro es vivir engañado creyendo que todo está bien. La apariencia de espiritualidad puede engañar al mismo creyente. Se canta, se ora y se asiste, pero el corazón no ha sido rendido. Es posible tener emoción sin conversión. El Espíritu Santo no se mide en lágrimas, sino en frutos.

El cristiano vacío busca constantemente experiencias nuevas. Corre detrás de predicadores y eventos que lo hagan sentir algo. Pero nunca se enraíza en la Palabra ni en la obediencia diaria. Esta búsqueda incesante revela hambre espiritual mal dirigida. El vacío no se llena con emociones, sino con Cristo.

Cuando la iglesia alimenta solo las emociones, se convierte en un círculo de entretenimiento. Cada reunión debe superar a la anterior en espectáculo para mantener el interés. Pero la fe no crece en base a shows. Crece en la intimidad con Dios, en la oración y en la obediencia. Allí está la verdadera satisfacción espiritual.

La solución es volver a lo básico: oración, Palabra y santidad. No hay sustituto para la presencia de Dios. Las emociones vendrán, pero como consecuencia, no como meta. El cristiano maduro aprende a vivir en fe aun sin sentir. La raíz está en Cristo, no en la emoción del momento.

El evangelio verdadero no promete emociones constantes, promete vida eterna. No ofrece entretenimiento, ofrece transformación. El creyente que se arraiga en Cristo no vive vacío, aunque no siempre se sienta lleno. La plenitud está en obedecer, no en sentir. Solo así se evita el engaño del evangelio personalizado.

CAPÌTULO 3
LA EXALTACIÓN DE LA CULTURA SOBRE EL CARÀCTER DE CRISTO

Romanos 12:2
No os conforméis a este siglo, sino transformaos por medio de la renovación de vuestro entendimiento, para que comprobéis cuál sea la buena voluntad de Dios, agradable y perfecta.

Introducción

Una de las tentaciones más fuertes de la iglesia moderna ha sido adoptar la cultura de su entorno. En lugar de transformar al mundo, en muchos casos ha sido transformada por él. El deseo de ser aceptada y relevante la ha llevado a imitar tendencias culturales. Lo que antes era considerado pecado, ahora se normaliza. Sin darse cuenta, la iglesia pierde su carácter distintivo.

El problema no está en reconocer los tiempos, sino en acomodarse a ellos. La Biblia enseña que la iglesia debe ser luz en medio de las tinieblas, no parte de ellas. Sin embargo, la presión cultural ha llevado a muchos a suavizar el mensaje. Se predica lo que agrada al oído moderno, aunque contradiga la verdad eterna. Esta estrategia no produce santidad, sino confusión.

La exaltación de la cultura ocurre cuando la iglesia busca influencia más que fidelidad. Se valora más ser aceptado en la sociedad que ser aprobado por Dios. Se mide el éxito por la relevancia en los medios y no por la santidad de los miembros. Este enfoque reemplaza el carácter de Cristo con tendencias pasajeras. Pero lo pasajero nunca puede sostener lo eterno.

La iglesia que se somete a la cultura pierde su identidad. Ya no es la sal que preserva ni la luz que guía. Se convierte en un reflejo de la sociedad en lugar de un modelo alternativo. La voz profética se silencia para evitar la crítica. Así, el pueblo de Dios deja de ser un agente de transformación.

Jesús fue claro en su llamado a la santidad. Él dijo que sus discípulos no eran del mundo, aunque estaban en él (Juan 17:14-16). La iglesia está llamada a vivir diferente, no a camuflarse. El peligro de parecerse demasiado al mundo es perder la capacidad de confrontarlo. Una iglesia que se confunde con la cultura ya no puede corregirla.

Los profetas siempre denunciaron la influencia cultural sobre el pueblo de Dios. Israel caía una y otra vez al imitar las prácticas de las naciones. Cada vez que lo hacía, sufría las consecuencias de su desobediencia. Hoy la iglesia enfrenta el mismo desafío. La idolatría moderna puede no ser de estatuas, pero sigue siendo idolatría.

Por eso, es urgente volver a exaltar el carácter de Cristo por encima de la cultura. La identidad de la iglesia no depende de lo que el mundo aprueba, sino de lo que Dios demanda. El carácter de Cristo es inmutable, aunque las modas cambien. La iglesia madura se mantiene fiel aunque sea rechazada. La verdad de Dios nunca pasa de moda.

Iglesias que adoptan la cultura para no perder influencia

En muchos lugares, las iglesias han optado por adoptar tendencias culturales con el fin de atraer multitudes. Creen que imitar al mundo es la manera de no quedarse atrás. Se incorporan estilos, discursos y prácticas que agradan a la sociedad. Pero lo que comienza como una estrategia de alcance termina siendo una trampa. La iglesia termina pareciéndose más al mundo que a Cristo.

El deseo de ser influyente es legítimo, pero no a costa de la verdad. Jesús nunca comprometió su mensaje para ganar seguidores. Él ofrecía vida, pero siempre a través de la verdad y la cruz. La influencia verdadera no viene de la imitación, sino de la autenticidad. La iglesia debe ser diferente para poder transformar.

La cultura cambia constantemente, pero el evangelio es eterno. Ajustarse al ritmo del mundo es correr detrás de una sombra. Nunca se alcanzará la relevancia real si se sacrifica la esencia. El evangelio no necesita cosméticos, necesita fidelidad. Lo que el mundo necesita no es un mensaje diluido para agradar, sino un evangelio vivido y encarnado con obediencia.

El problema de adoptar la cultura es que se confunde la misión con la estrategia. La misión de la iglesia es hacer discípulos, no volverse popular. Las estrategias pueden variar, pero el mensaje no. Cuando la cultura dicta el contenido, la iglesia deja de ser fiel a Dios. Lo temporal nunca debe gobernar lo eterno.

Muchos líderes justifican estas adaptaciones con el argumento de "alcanzar a más personas". Pero ¿qué se gana al atraer multitudes si no se les ofrece el verdadero evangelio? Jesús dijo: "¿De qué le aprovechará al hombre si ganare todo el mundo y perdiere su alma?" (Marcos 8:36). Ganar gente con un mensaje diluido es perderlos en lo esencial.

La historia del pueblo de Dios confirma este peligro. Israel se contaminó cada vez que imitó a las naciones. Sus intentos de integrarse los alejaron del Señor. La iglesia comete el mismo error cuando adopta costumbres contrarias a la Palabra. La imitación cultural trae ruina espiritual.

La verdadera influencia de la iglesia está en ser diferente. No necesita imitar al mundo para atraerlo. El Espíritu Santo atrae a través de la verdad y la santidad. Una iglesia fiel a Cristo puede impactar sin vender su esencia. El poder está en la autenticidad del evangelio.

Normalización del pecado bajo el disfraz de "amor"

Otro resultado de la exaltación de la cultura es la redefinición del amor. Se predica un amor que todo lo tolera y que nunca confronta. Bajo esta bandera, se normalizan pecados que la Biblia claramente denuncia. Se confunde compasión con permisividad. Pero un amor que no confronta el pecado no es amor, es complicidad.

La cultura moderna exalta la idea de la aceptación absoluta. La iglesia, en su intento de parecer amorosa, ha adoptado esa misma postura. Sin embargo, el amor de Cristo nunca fue permisivo. Él perdonó a la mujer adúltera, pero también le dijo: "Vete y no peques más" (Juan 8:11). El verdadero amor redime, pero también transforma.

Cuando se normaliza el pecado, la iglesia pierde su autoridad moral. Ya no puede llamar al arrepentimiento porque teme ser acusada de intolerancia. Prefiere guardar silencio para mantener su reputación. Pero la verdad no puede ser callada sin consecuencias. Una iglesia que calla ante el pecado deja de ser sal y luz.

El amor bíblico siempre está unido a la verdad. Pablo dijo que debíamos hablar la verdad en amor (Efesios 4:15). La cultura separa estos dos elementos, pero la Biblia los une. El amor sin verdad es permisividad, y la verdad sin amor es crueldad. Solo la combinación de ambos refleja el carácter de Cristo.

Muchos justifican la tolerancia con la excusa de "no juzgar". Pero juzgar el pecado no es condenar al pecador. Jesús llamó al arrepentimiento a todos, porque todos necesitaban salvación. Ignorar el pecado es negar el poder del evangelio. El amor que salva siempre confronta primero.

Un evangelio que no llama al arrepentimiento no es evangelio, sino adulación. La iglesia que normaliza el pecado bajo el disfraz de amor engaña a su pueblo. Puede sonar amable, pero en realidad está condenando almas. El verdadero amor nunca deja al pecador donde lo encontró. Amar de verdad es señalar el camino al arrepentimiento que conduce a la vida.

La iglesia madura entiende que el amor verdadero confronta para transformar. No teme ser rechazada por el mundo, porque sabe que es fiel a Dios. El amor de Cristo es radical y exige cambio. La iglesia que ama con verdad refleja el corazón de su Señor. Ese es el amor que sana y salva.

Cancelación de principios bíblicos para no offender

Finalmente, la exaltación de la cultura lleva a cancelar principios bíblicos. Muchas iglesias evitan enseñar doctrinas claras por temor a perder miembros. Se calla sobre temas como la santidad, el juicio o la obediencia. Se cree que hablar de estas cosas es ofensivo. Pero un evangelio sin principios es un evangelio vacío.

La cultura de la cancelación ha llegado a la iglesia. Todo lo que incomoda es silenciado. Los predicadores son presionados a suavizar sus mensajes. Pero Pablo advirtió: "¿Busco ahora el favor de los hombres, o el de Dios?… Si todavía agradara a los hombres, no sería siervo de Cristo" (Gálatas 1:10). La fidelidad no puede ser negociada.

Cancelar principios bíblicos no protege a la iglesia, la destruye. Una comunidad sin convicciones claras se vuelve frágil. Sus miembros no saben en qué creen ni cómo vivir. La verdad se convierte en una opinión más. Sin la Palabra, la iglesia se desmorona.

Jesús dijo que la verdad nos haría libres (Juan 8:32). La libertad no viene de ocultar principios, sino de abrazarlos. Cuando la iglesia proclama la verdad, aunque incomode, produce transformación. El silencio, en cambio, perpetúa la esclavitud. Lo que parece amable termina siendo cruel.

La fe cristiana siempre ha defendido la responsabilidad del creyente delante de Dios. La verdad debe predicarse completa, sin suavizarla. La gracia no elimina los principios, los afirma. Un evangelio sin verdad es un evangelio sin poder. El pueblo de Dios necesita claridad, no ambigüedad.

La cultura cambia constantemente de valores, pero la Palabra permanece. Lo que hoy es aceptado mañana será rechazado. Solo la verdad de Dios es eterna. Cancelar principios para agradar es construir sobre arena. Cuando venga la tormenta, esa casa caerá.

La iglesia fiel se mantiene firme en la Palabra aunque incomode. Prefiere perder popularidad que perder su integridad. Los principios bíblicos no son negociables. El creyente maduro abraza la verdad aunque duela, porque sabe que sana. Esa es la diferencia entre una iglesia cultural y una iglesia de Cristo.

CAPÍTULO 4
CUANDO LA REVELACIÓN REEMPLAZA LA PALABRA

Isaías 8:20

A la ley y al testimonio! Si no dijeren conforme a esto, es porque no les ha amanecido.

Introducción

En los últimos años se ha incrementado el énfasis en las revelaciones personales y proféticas dentro de muchas iglesias. Aunque Dios sigue hablando hoy, este fenómeno ha creado un desequilibrio espiritual peligroso. Muchos creyentes han llegado a depender más de las supuestas revelaciones que de la Palabra escrita. Esto ha producido confusión y división. El problema no es la revelación en sí, sino el lugar que ocupa en relación a la Escritura.

La Biblia es clara al establecer que toda revelación debe estar sujeta a la Palabra. Ninguna visión, profecía o sueño puede contradecir lo que Dios ya ha dicho. Sin embargo, en muchos círculos se le da a la revelación moderna una autoridad superior. Esto termina socavando la base misma de la fe. Una iglesia que reemplaza la Escritura por revelaciones se vuelve inestable.

El atractivo de la revelación es comprensible. Es emocionante escuchar mensajes frescos y personalizados. Muchos sienten que eso los conecta más directamente con Dios. Pero la emoción nunca debe sustituir la verdad. La Palabra escrita es el fundamento seguro. Sin ella, todo lo demás se convierte en subjetividad.

Jesús mismo nos advirtió sobre falsos profetas que vendrían en su nombre. No dijo que no habría profecía, sino que habría engaños. La manera de discernir siempre ha sido comparar con la Palabra. Cuando la revelación se separa de la Escritura, se convierte en instrumento de confusión. El Espíritu nunca contradice lo que Él mismo inspiró.

El problema también radica en el orgullo espiritual. Algunos creen que recibir revelaciones los hace más espirituales que otros. Piensan que la Biblia es para principiantes, pero ellos tienen un nivel superior. Esta actitud divide el cuerpo de Cristo. En lugar de edificar, destruye. La verdadera espiritualidad es obedecer la Palabra, no presumir de visiones.

La iglesia a lo largo de la historia siempre ha resaltado la centralidad de la Escritura. Toda experiencia espiritual debe ser evaluada a la luz de la Palabra, que es la única regla de fe y conducta. Las experiencias pueden ser valiosas, pero nunca reemplazan la Palabra. Este equilibrio protege al pueblo de Dios del error. Y lo mismo necesitamos hoy

Por eso, es urgente volver a poner la Palabra en su lugar central. La revelación puede confirmar, animar y guiar, pero siempre bajo la autoridad de la Biblia. Si no hay esta sujeción, el creyente queda vulnerable al engaño. La iglesia madura honra la Palabra como la voz final de Dios. Todo lo demás debe estar subordinado.

Profetas modernos sin autoridad bíblica

Uno de los fenómenos más comunes es el surgimiento de profetas modernos que no están sujetos a la Escritura. Se presentan como voces autorizadas de Dios, pero sus mensajes contradicen principios bíblicos. Esto genera seguidores fieles a una persona y no a Cristo. El problema no es que profeticen, sino que lo hacen sin fundamento bíblico.

Un verdadero profeta siempre habla en consonancia con la Palabra. Su mensaje puede ser exhortativo, edificante o de consuelo, pero nunca contrario a la Escritura. Cuando alguien proclama algo que va en contra de lo escrito, se desenmascara como falso. Dios nunca se contradice a sí mismo. Lo que dijo en su Palabra sigue siendo la norma.

El peligro de estos profetas es que generan dependencia malsana. Los creyentes comienzan a buscar sus palabras más que la Biblia. Se sienten incapaces de tomar decisiones sin escuchar a su "profeta". Esto crea una espiritualidad manipulada. La fe deja de estar en Cristo y se deposita en hombres.

Jesús nos advirtió sobre estos peligros. Dijo que muchos vendrían en su nombre y engañarían a muchos (Mateo 24:5). No dijo que serían pocos, sino muchos. La proliferación de voces que reclaman autoridad divina es parte de los últimos tiempos. El creyente debe estar alerta. La Palabra sigue siendo la prueba de fuego.

El orgullo también juega un papel en este problema. Algunos profetas se sienten indispensables. Piensan que son la única voz de Dios en un tiempo determinado. Esto fomenta elitismo espiritual y división. Pero la Biblia enseña que todos podemos oír a Dios a través de su Palabra. No necesitamos mediadores humanos para conocer su voluntad.

La profecía sin la Palabra produce fanatismo. La experiencia personal se convierte en ley, y la comunidad de fe queda a merced del capricho. Este es el peligro de desligar la revelación de la Escritura. La fe madura no depende de lo subjetivo, sino de lo eterno. Solo la Palabra de Dios da el fundamento sólido que resiste cualquier engaño.

La iglesia necesita discernimiento para evaluar a los profetas. No basta con que alguien hable en nombre de Dios. Sus palabras deben ser pesadas a la luz de la Biblia. Si no concuerdan, deben ser rechazadas. La fidelidad está en someter toda voz a la Palabra escrita.

Revelaciones que contradicen la Escritura

Otro problema grave es cuando las revelaciones modernas contradicen la Biblia. Algunas personas dicen haber recibido palabras que justifican pecado o decisiones contrarias a la verdad. Estas experiencias pueden sonar espirituales, pero son peligrosas. Una revelación que contradice la Escritura nunca viene de Dios. La Biblia es clara en su autoridad.

Muchos justifican sus acciones apelando a experiencias subjetivas. Afirman que "Dios les mostró" lo que quieren hacer, aunque contradiga principios bíblicos. Esto crea confusión, porque eleva la experiencia por encima de la verdad. Pero la Palabra nunca pierde su vigencia. Lo que Dios inspiró sigue siendo válido hoy.

La Escritura fue dada para enseñar, redargüir, corregir e instruir en justicia (2 Timoteo 3:16). Todo lo que contradiga esto debe ser rechazado. El creyente no puede depender de voces subjetivas sin la guía de la Palabra. La revelación sin Escritura es terreno fértil para el engaño. Solo la Palabra es lámpara a nuestros pies (Salmo 119:105).

Ejemplos abundan de personas que han tomado decisiones erradas basadas en supuestas revelaciones. Algunos han abandonado familias, ministerios o doctrinas fundamentales porque "Dios les dijo". El resultado siempre es caos y división. Una revelación que lleva a la desobediencia nunca viene de Dios. La Biblia es la prueba definitiva.

La iglesia debe enseñar a evaluar cada palabra profética. No basta con sentir emoción o impacto. El discernimiento se ejerce al comparar con la Escritura. Si no concuerda, debe descartarse. El Espíritu Santo no se contradice. Lo que inspiró en la Palabra es la guía infalible.

Toda experiencia espiritual es valiosa, pero siempre debe estar subordinada a la Palabra escrita. La experiencia puede confirmar, pero nunca definir. Una iglesia que invierte este orden termina atrapada en el error. El equilibrio siempre es necesario. La Palabra primero, la experiencia después.

Por eso, debemos ser cuidadosos en la búsqueda de revelaciones. Dios puede hablar de muchas maneras, pero siempre confirmará su Palabra. Nunca debemos aceptar algo solo porque suena espiritual. El estándar eterno sigue siendo la Escritura. Allí está la verdad segura.

Fieles a una voz, pero no a la Biblia

Finalmente, uno de los síntomas más alarmantes es la lealtad excesiva a una voz humana. Muchos creyentes se aferran más a lo que dice un líder o profeta que a lo que enseña la Palabra. Esta dependencia crea una espiritualidad desequilibrada. La Biblia queda relegada a segundo plano. La voz del hombre se convierte en la autoridad final.

Este fenómeno es peligroso porque sustituye a Cristo por intermediarios humanos. La fe deja de ser bíblica y se convierte en sectaria. En lugar de seguir al Señor, se sigue a un líder. El resultado es esclavitud espiritual. Cuando la voz de un hombre reemplaza la Palabra, el pueblo queda atado.

La Biblia advierte contra este peligro. Pablo reprendió a los corintios porque decían: "Yo soy de Pablo" o "Yo soy de Apolos" (1 Corintios 3:4). La iglesia no debe estar dividida por lealtades humanas. Cristo es el único fundamento. Seguir voces humanas más que a la Palabra es caer en carnalidad.

La lealtad a una voz también crea vulnerabilidad. Cuando ese líder falla, toda la fe de sus seguidores se derrumba. La base estaba en el hombre, no en Dios. Pero la Escritura nunca falla. El que edifica sobre la roca permanece firme en la tormenta. La Palabra es el único fundamento seguro.

El problema es que muchos buscan seguridad en una voz audible. Les parece más tangible que leer la Biblia. Pero la fe viene por el oír de la Palabra de Cristo (Romanos 10:17). No necesitamos depender de intermediarios. Dios nos habla directamente por su Escritura.

La iglesia no debe ser gobernada por sistemas humanos, sino por la Palabra de Dios. Esta convicción refleja el espíritu de fidelidad a la verdad revelada. Ninguna voz humana puede reemplazar la Escritura. El creyente maduro aprende a depender de ella por encima de todo. Allí está la voz de Dios más clara.

La iglesia debe llamar a volver a la Biblia. Toda revelación puede ser edificante, pero nunca sustituta. La fidelidad no es a una voz humana, sino a la Palabra eterna. El creyente que ama la Escritura no será engañado fácilmente. En ella está la luz que guía siempre.

CAPÌTULO 5
DIVIDIDOS ENTRE EXTREMOS: EL CAOS TEOLÓGICO DE LA IGLESIA MODERNA

Eclesiastés 7:18

Bueno es que tomes de esto, y también de aquello; y de la mano de Dios no sueltes tu mano; porque el que a Dios teme saldrá bien en todo.

Introducción

Uno de los mayores problemas de la iglesia actual es la polarización doctrinal. En lugar de buscar un equilibrio en la verdad bíblica, muchos se han aferrado a extremos opuestos. Unos rechazan todo lo nuevo y se encierran en tradiciones muertas, mientras otros aceptan todo lo novedoso sin discernimiento. Ambos extremos producen confusión y división. El resultado es un caos teológico que debilita el testimonio cristiano.

La verdad de Dios nunca ha estado en los extremos, sino en el balance de su Palabra. Jesús enseñó gracia y verdad al mismo tiempo. Pablo predicó libertad en Cristo, pero también santidad. La iglesia madura sabe que la vida cristiana se construye en tensión equilibrada. Cuando se pierde este balance, el evangelio se distorsiona. Los extremos nunca reflejan la plenitud del mensaje de Cristo.

La división entre extremos ha creado una iglesia fragmentada. En lugar de un cuerpo unido, se ven facciones que luchan entre sí. Unos defienden la tradición como si fuera la salvación misma. Otros buscan innovación como si fuera sinónimo de espiritualidad. Este choque produce una iglesia debilitada en su misión. Una iglesia dividida no puede avanzar con poder.

Jesús oró por la unidad de sus discípulos, pero no una unidad superficial. Su oración fue que fueran uno en la verdad (Juan 17:17-21). La unidad sin verdad es compromiso vacío, y la verdad sin unidad se convierte en rigidez orgullosa. El caos teológico actual es producto de buscar una de estas cosas sin la otra. La iglesia necesita recuperar el equilibrio.

Los extremos también afectan la percepción del mundo. La sociedad observa una iglesia que no se pone de acuerdo. Ven peleas internas, contradicciones y mensajes confusos. En lugar de ver un testimonio claro, ven desorden. Esto debilita el impacto del evangelio. El mundo necesita ver a Cristo reflejado en la unidad y el equilibrio de su iglesia.

El orgullo doctrinal está en la raíz de muchos de estos extremos. Algunos creen tener toda la verdad y desprecian a los demás. Pero Pablo enseñó que "en parte conocemos, y en parte profetizamos" (1 Corintios 13:9). La humildad es esencial para mantener el equilibrio. Sin ella, la iglesia cae en extremos que dividen.

Por eso, es necesario un llamado a volver al centro: Cristo mismo. Él es la verdad completa y el modelo perfecto. No es la tradición ni la innovación lo que salva, sino la obra de Jesús en la cruz. La iglesia madura sabe discernir lo que edifica y rechazar lo que divide. El equilibrio bíblico es el camino de la madurez.

Unos se aferran a lo antiguo y rechazan todo cambio

Existen creyentes y congregaciones que viven anclados al pasado. Ven cualquier cambio como una amenaza a la fe. Creen que lo que fue establecido por sus padres espirituales no puede ser modificado. Su lema es: "Así siempre se ha hecho". Este apego extremo convierte la tradición en un ídolo. La tradición reemplaza la Palabra.

No toda tradición es negativa. Algunas son valiosas porque transmiten principios bíblicos. Pero cuando la tradición se convierte en norma incuestionable, desplaza la autoridad de la Escritura. Jesús confrontó a los fariseos porque invalidaban la Palabra por sus tradiciones (Marcos 7:13). El mismo error se repite hoy. La fidelidad no es a la tradición, sino a la Palabra.

Aferrarse a lo antiguo genera una espiritualidad rígida. Se valora más la forma que el fondo. Lo importante ya no es si algo glorifica a Dios, sino si encaja en las costumbres establecidas. Esto crea un legalismo que sofoca la vida espiritual. La iglesia se convierte en un museo en lugar de un organismo vivo.

El rechazo a todo cambio también limita la obra del Espíritu Santo. Dios sigue actuando de maneras nuevas, siempre en fidelidad a su Palabra. Cuando la iglesia se niega a cambiar métodos, se estanca. Los apóstoles mismos tuvieron que adaptarse para predicar a diferentes culturas. La fidelidad no es rigidez, es obediencia al Espíritu.

El miedo al cambio refleja una falta de confianza en Dios. Se piensa que cualquier innovación será peligrosa. Pero la verdadera seguridad no está en repetir fórmulas, sino en caminar bajo la guía de la Palabra. El Espíritu da discernimiento para saber qué es válido y qué no. El problema no es el cambio, sino la falta de fidelidad.

En cada tiempo la iglesia ha enfrentado críticas y presiones para adaptarse. Es cierto que los métodos pueden variar de acuerdo con la época y la cultura. Pero el mensaje del evangelio nunca debe cambiar. La fidelidad al contenido bíblico siempre debe estar por encima de la forma. Esta perspectiva nos ayuda a mantener el equilibrio y a evitar los extremos.

La iglesia madura reconoce el valor de las raíces, pero no se aferra a ellas como si fueran eternas. Honra el pasado, pero vive en el presente. El cambio no es enemigo cuando está guiado por la verdad. El Espíritu Santo sigue renovando a la iglesia. La fidelidad está en discernir, no en rechazar todo.

Otros abrazan todo lo nuevo sin filtros

En el otro extremo están aquellos que abrazan todo lo nuevo sin discernimiento. Creen que lo moderno siempre es mejor. Buscan innovación constante en predicación, adoración y práctica. Piensan que adaptarse a cada moda cultural es señal de espiritualidad. Este entusiasmo los lleva a adoptar ideas y prácticas peligrosas.

El problema no está en la novedad en sí, sino en la falta de filtros. No todo lo nuevo es malo, pero tampoco todo lo nuevo es bueno. La Biblia enseña a examinarlo todo y retener lo bueno (1 Tesalonicenses 5:21). Cuando se acepta todo sin discernimiento, la iglesia se abre al error. La novedad no debe reemplazar la verdad.

La obsesión con lo nuevo convierte la iglesia en un laboratorio de experimentos. Cada moda se convierte en la nueva norma. Esto produce inestabilidad y confusión. Los creyentes no saben qué es verdad porque todo cambia constantemente. El fundamento se pierde. Una iglesia que vive de modas se vuelve superficial.

El deseo de atraer multitudes también impulsa este extremo. Se piensa que lo novedoso atraerá a más personas. Y en efecto, puede atraer, pero no necesariamente discipular. La multitud puede emocionarse, pero no ser transformada. Jesús mismo no confió en las multitudes, porque sabía lo que había en el corazón humano (Juan 2:24).

La novedad sin filtros también abre la puerta al sincretismo. Se mezclan prácticas bíblicas con costumbres culturales sin discernimiento. Lo que resulta es un evangelio contaminado. La pureza del mensaje se pierde. La iglesia se convierte en un híbrido que no refleja a Cristo.

El entusiasmo sin verdad conduce al error. El Espíritu Santo trae novedad de vida, pero nunca contradice la Escritura. La verdadera innovación surge de la fidelidad, no de la imitación del mundo. La novedad sin raíz bíblica es un engaño. Solo lo que nace de la Palabra permanece y produce fruto eterno.

La iglesia madura valora lo nuevo cuando está sujeto a la Palabra. Reconoce que el Espíritu sigue inspirando formas frescas, pero siempre bajo la verdad eterna. No rechaza todo lo nuevo, pero tampoco lo acepta sin examen. Su filtro es siempre la Escritura. Así se mantiene en equilibrio.

Ambos pierden el equilibrio del mensaje complete

Aunque parecen opuestos, ambos extremos terminan en el mismo error: perder el equilibrio del evangelio. Unos se quedan atrapados en el pasado, otros se pierden en la novedad. Ambos terminan desviados del centro: Cristo. El resultado es una iglesia dividida y debilitada. El enemigo gana cuando logra polarizar al pueblo de Dios.

El evangelio completo siempre ha sido balanceado. Incluye gracia y verdad, libertad y santidad, tradición y novedad bajo la Palabra. Cuando se ignora una de estas dimensiones, se cae en un extremo. El equilibrio no es compromiso mediocre, es fidelidad plena. Cristo mismo encarnó ese balance.

Los extremos producen inmadurez en los creyentes. Los que se aferran al pasado no crecen porque se quedan estancados. Los que abrazan todo lo nuevo no crecen porque se dispersan. Ambos pierden el fruto del Espíritu. La madurez requiere discernimiento constante. Sin él, la iglesia sigue atrapada en ciclos de división.

El mundo observa este caos y pierde confianza en el mensaje cristiano. Una iglesia que no puede mantener equilibrio parece contradictoria. El testimonio se debilita. Pero cuando la iglesia vive en balance, el mundo reconoce la diferencia. La unidad en la verdad se convierte en testimonio poderoso.

La Biblia ofrece ejemplos de este balance. Pablo fue flexible en métodos, pero firme en doctrina. Predicaba a judíos y gentiles adaptándose a sus contextos, pero nunca cambiaba el mensaje (1 Corintios 9:22-23). Su vida muestra que el equilibrio es posible. No se trata de extremos, sino de fidelidad.

El Espíritu Santo guarda al creyente de los extremos: ni legalismo rígido ni libertinaje, sino santidad equilibrada en la Palabra. La verdadera santidad es práctica y está sostenida por la gracia. Vivir así demuestra que es posible caminar en el balance de la verdad bíblica. Esa es la senda que produce un testimonio genuino. Y es el camino que la iglesia necesita recuperar.

El llamado hoy es a volver al centro en Cristo. No se trata de elegir entre lo viejo y lo nuevo, sino de ser fieles a la verdad eterna. La iglesia madura abraza lo que edifica y descarta lo que divide. Solo así puede superar el caos teológico actual. El equilibrio en Cristo es la solución.

PARTE 2
LA IGLESIA QUE MANTIENE EL MENSAJE
PRINCIPIOS DE UNA IGLESIA MADURA

Efesios 4:14-15

Para que ya no seamos niños fluctuantes, llevados por doquiera de todo viento de doctrina, por estratagema de hombres que para engañar emplean con astucia las artimañas del error, sino que siguiendo la verdad en amor, crezcamos en todo en aquel que es la cabeza, esto es, Cristo.

CAPÌTULO 6
CRISTO COMO CENTRO, NO COMO DECORACIÓN

Colosenses 1:18

Y él es la cabeza del cuerpo que es la iglesia, él que es el principio, el primogénito de entre los muertos, para que en todo tenga la preeminencia.

Introducción

En muchos lugares hoy se habla de Cristo, pero no siempre como centro. A menudo su nombre aparece en canciones, sermones y actividades, pero solo como un adorno. Se le menciona, pero no se le obedece. Se invoca, pero no se le reconoce como Señor. La diferencia entre decorado y centro es radical, y en esa diferencia se juega la autenticidad de la iglesia.

La iglesia fue llamada a vivir bajo el señorío absoluto de Cristo. Él no puede ocupar un segundo lugar ni ser una figura simbólica. Su persona y su obra deben gobernar cada aspecto de la vida cristiana. Sin embargo, muchas congregaciones se enfocan más en el entretenimiento que en la devoción. La fidelidad comienza cuando Cristo vuelve a ser la prioridad de cada ministerio.

Cristo no vino a ser un complemento espiritual. Él vino a ser el fundamento de toda la vida. Su cruz y su resurrección son el eje del evangelio. Sin Él, nada tiene sentido. El apóstol Pedro lo llamó "la piedra viva" sobre la cual somos edificados (1 Pedro 2:4).

El apóstol Pablo repitió constantemente que Cristo debía tener la preeminencia. No habló de un evangelio adaptado al gusto humano, sino centrado en Jesús crucificado y resucitado. Esa era la esencia de su predicación (1 Corintios 2:2). Para Pablo, Cristo no era decorado, era todo. Esa misma convicción debe encender a la iglesia en cada generación.

El problema de usar a Cristo como adorno es que se le invoca sin compromiso. Se le canta con emoción, pero no se le obedece en la vida diaria. Se le predica para atraer, pero no para confrontar. Esto crea creyentes superficiales que saben de Cristo pero no lo conocen. El Señor mismo dijo: "Este pueblo de labios me honra; mas su corazón está lejos de mí" (Mateo 15:8).

La Palabra siempre enfatiza la centralidad de Cristo en la experiencia cristiana. La fe genuina nunca es un credo frío, sino fuego vivo que transforma la vida del creyente. Esa relación produce transformación verdadera. Una iglesia que pierde ese enfoque se queda en formas sin vida. El Espíritu Santo nunca exalta al hombre, siempre exalta al Hijo.

El llamado de este capítulo es a volver a colocar a Cristo en el centro de todo. No solo en los cantos, sino en la enseñanza y en la práctica. No solo en las palabras, sino en las decisiones. Cristo no es un símbolo cultural, es el Señor de la iglesia. Solo cuando Él ocupa el centro, la iglesia cumple su misión.

El mensaje gira en torno a Cristo, no al público

El verdadero evangelio no se trata del hombre, sino de Cristo. Cuando el mensaje se enfoca en agradar al oyente, se desvirtúa. El propósito no es entretener, sino exaltar al Salvador. Sin embargo, muchas iglesias moldean sus sermones según lo que la gente quiere escuchar. El resultado es un evangelio centrado en el público y no en Cristo, y eso nunca trae vida eterna.

Jesús nunca predicó para agradar multitudes. De hecho, muchas veces sus palabras las alejaban (Juan 6:66). Su prioridad era revelar la verdad del Padre. El mensaje auténtico no busca aprobación humana, sino obediencia divina. Cuando se predica a Cristo, el corazón es confrontado y el alma transformada.

La cultura actual valora lo que es cómodo y motivador. Por eso, muchos predicadores han cedido a la tentación de suavizar el mensaje. Se enfocan en temas de éxito, prosperidad y autoestima. Pero sin Cristo, todo eso es vacío. El centro de toda predicación debe ser Jesucristo mismo, no una doctrina ni una teoría.

El peligro de un mensaje antropocéntrico es que no transforma. Puede animar momentáneamente, pero no cambia corazones. La Palabra dice que solo en Cristo hay salvación (Hechos 4:12). Si Él no es el centro, la predicación carece de poder. El mensaje puede sonar atractivo, pero termina siendo inútil.

La esencia del ministerio cristiano siempre debe estar centrada en Cristo. La verdadera misión no es levantar nombres personales, sino ganar almas para el Reino. Todo ministerio que busque exaltarse a sí mismo pierde su propósito. La gloria nunca debe ir al predicador, sino al Salvador. El púlpito pertenece únicamente a Él.

La iglesia madura reconoce que su misión no es complacer al mundo. Es proclamar a Cristo en toda su plenitud. Esto puede incomodar, pero también libera. El verdadero mensaje no gira en torno al público, sino al Rey. La fidelidad se mide por cuán claro se presenta a Jesús.

Por eso, el llamado es a recuperar el centro del evangelio. Cada sermón, cada canto y cada ministerio debe apuntar a Él. El público no es el protagonista, Cristo lo es. Cuando Él ocupa el lugar central, la iglesia cumple su propósito eterno. Allí se manifiesta el poder del Espíritu Santo.

La Palabra como autoridad máxima

El centro de Cristo no puede separarse de la centralidad de la Palabra. Jesús es el Verbo hecho carne (Juan 1:14). Rechazar la Escritura es rechazar al mismo Cristo. Sin embargo, en muchas iglesias la Biblia se ha vuelto secundaria. Cuando esto sucede, se abre la puerta a todo tipo de engaño.

La Palabra de Dios es viva y eficaz (Hebreos 4:12). No es un libro antiguo sin relevancia, es la voz actual del Señor. Cuando se predica con fidelidad, trae transformación. Pero cuando se ignora, la iglesia cae en error. El creyente se convierte en presa fácil de la mentira.

En tiempos modernos, muchos predicadores utilizan la Biblia solo como adorno en sus mensajes. La citan superficialmente para apoyar sus ideas, pero no dejan que ella sea la guía. Esto es peligroso, porque pone al hombre en el centro. La iglesia necesita volver a la Palabra como autoridad suprema. Ella revela a Cristo de manera perfecta y suficiente.

El problema de reemplazar la Palabra con opiniones es que se abre la puerta al engaño. La verdad deja de ser objetiva y se convierte en subjetiva. Cada quien interpreta según su conveniencia. Pero la Escritura es clara y suficiente. Allí encontramos el carácter y la voluntad de Dios sin confusión.

La Biblia es el sol, y nuestras opiniones son apenas velas; quien cambia el sol por velas terminará en oscuridad. Esta verdad refleja la importancia de la Palabra como fuente de luz. No podemos confiar en interpretaciones humanas cuando tenemos la verdad divina. Cristo habla a través de su Escritura a cada generación. Y solo en esa luz podemos caminar seguros sin caer en tinieblas.

La iglesia madura reconoce que no hay contradicción entre Cristo y la Palabra. Él mismo confirmó la Escritura en su ministerio. Dijo que ni una jota ni una tilde pasarían hasta que todo se cumpliera (Mateo 5:18). La Palabra es la voz del Señor en cada generación. Permanecer en ella es permanecer en Cristo.

Por eso, si queremos a Cristo en el centro, debemos poner a la Biblia en su lugar. No como un libro decorativo, sino como guía de vida. La Palabra revela a Cristo en toda su gloria. Solo bajo su autoridad podemos mantener al Señor como centro de la iglesia. La Escritura nunca decora, siempre dirige.

Toda revelación se sujeta a la Escritura

Cristo sigue hablando hoy a través de su Espíritu, pero nunca contradice la Palabra. Toda revelación genuina debe estar en armonía con la Escritura. El problema es cuando las supuestas revelaciones adquieren más peso que la Biblia. En ese punto, Cristo deja de ser el centro. La iglesia comienza a seguir voces humanas en lugar de la voz eterna.

La Biblia enseña claramente que debemos probar los espíritus (1 Juan 4:1). No toda palabra que suene espiritual viene de Dios. El criterio de prueba es siempre la Escritura. Cuando una revelación no concuerda con la Palabra, debe ser descartada. Cristo nunca contradice lo que Él mismo inspiró en la Escritura.

En algunos lugares, los creyentes buscan más revelaciones que enseñanza bíblica. Esto crea una dependencia malsana de experiencias subjetivas. La fe se vuelve emocional en lugar de sólida. Pero la verdadera madurez espiritual se construye en la Palabra. La revelación confirma, pero no reemplaza lo escrito.

El peligro de exaltar la revelación es que se crea un evangelio fragmentado. Cada persona termina siguiendo su propia experiencia en lugar de la verdad común. Esto genera división y confusión. El Espíritu Santo es uno, y su Palabra también. La unidad viene de someterlo todo a la Escritura.

La experiencia cristiana es valiosa, pero siempre debe estar subordinada a la Escritura. La Palabra de Dios es el estándar máximo que gobierna la fe y la conducta del creyente. Solo la verdad bíblica tiene la autoridad de definir lo que es genuino. Esa convicción protege al creyente de caer en excesos. Lo mismo necesitamos hoy: revelaciones sujetas al libro eterno.

La iglesia madura sabe discernir entre lo verdadero y lo falso. No desprecia la revelación, pero tampoco la eleva sobre la Biblia. Reconoce que la Escritura es la autoridad máxima. Allí está la voz segura de Cristo. Todo lo demás debe ser evaluado en esa luz.

Por eso, mantener a Cristo en el centro implica someter toda revelación a la Palabra. No hay contradicción entre el Espíritu y la Escritura. Ambos trabajan en unidad. La iglesia fiel reconoce este principio y evita el engaño. Así se mantiene firme en la verdad y en el testimonio de Cristo.

CAPÌTULO 7
LA SANA DOCTRINA NO ES OPCIONAL

2 Timoteo 4:3-4

Porque vendrá tiempo cuando no sufrirán la sana doctrina, sino que teniendo comezón de oír, se amontonarán maestros conforme a sus propias concupiscencias, y apartarán de la verdad el oído y se volverán a las fábulas.

Introducción

El concepto de *sana doctrina* ha sido malinterpretado en muchas comunidades. Algunos lo reducen a reglas externas, como formas de vestir, estilos de peinado o costumbres culturales. Pero en la Biblia, el término no apunta a atavíos superficiales, sino a la enseñanza verdadera que forma corazones conforme a Cristo. Lo externo puede cambiar según la cultura, pero la verdad de la Palabra nunca cambia. La sana doctrina es el corazón del evangelio, no un códgo de modas humanas.

Pablo habló de sana doctrina en sus cartas, y siempre lo relacionó con la enseñanza fiel de la Palabra. En 1 Timoteo 1:10, menciona que la sana doctrina se opone a todo lo que es contrario al evangelio. No estaba hablando de vestimenta ni de costumbres, sino de la pureza del mensaje de Cristo. La doctrina sana es la que guarda al creyente de falsas enseñanzas y lo lleva a la vida santa. Confundirla con lo externo es distorsionar el propósito bíblico.

Una de las razones por las que algunos han confundido este término es el deseo de controlar la conducta externa. Piensan que si la iglesia luce uniforme en apariencia, entonces es santa. Pero Jesús dejó claro que lo que contamina al hombre no es lo que entra por la boca ni lo que viste, sino lo que sale del corazón (Mateo 15:11). La verdadera santidad no empieza en lo externo, sino en lo interno. Y la sana doctrina se dirige al corazón.

La Escritura muestra que el peligro no está en las ropas o costumbres, sino en enseñar mandamientos de hombres como si fueran doctrinas divinas (Mateo 15:9). Eso es lo que Jesús confrontó en los fariseos: su énfasis en lo externo, mientras descuidaban el interior. El legalismo siempre convierte lo secundario en central, y lo central en secundario. Pero la sana doctrina no se centra en reglas humanas, sino en la verdad revelada por Dios. Esa diferencia debe quedar clara en cada generación.

No podemos confundir la sana doctrina con las tradiciones culturales. Una iglesia en África, Asia o América Latina puede vestirse de formas muy distintas, pero la doctrina verdadera es la misma. La unidad no está en el estilo externo, sino en la fe en Cristo. Y no es que estemos en contra de la modestia, sino que debe ser entendida de manera equilibrada y bajo el espíritu de la Palabra. Lo externo cambia, pero la verdad eterna permanece firme.

Por eso es urgente recuperar el verdadero significado de este concepto. Si lo reducimos a reglas humanas, la iglesia se vuelve esclava de apariencias. Si lo entendemos bíblicamente, la iglesia se convierte en columna y baluarte de la verdad (1 Timoteo 3:15). La diferencia es enorme y determina el rumbo espiritual de una congregación. Sana doctrina es enseñanza que produce vida en Cristo, no apariencia vacía.

Este capítulo no pretende atacar a quienes han confundido el término, sino aclararlo a la luz de la Palabra. Nuestro propósito es afirmar lo que la Escritura enseña, no pelear con interpretaciones humanas. La mejor manera de exponer el error es mostrar la verdad. Y la verdad es que la sana doctrina no es opcional: es la base de la fe cristiana. Solo permaneciendo en ella la iglesia se mantendrá viva y fiel a Cristo.

Fundamento sólido y balanceado

La sana doctrina es un fundamento sólido porque revela quién es Cristo y cuál es su obra. No se trata de reglas humanas, sino de verdades eternas. Cuando la iglesia enseña esta doctrina, los creyentes crecen firmes en la fe. Cuando la descuida, se debilitan y son arrastrados por cualquier viento de enseñanza. Por eso, Pablo insistió en que los líderes fueran aptos para enseñar la sana doctrina (Tito 1:9).

El balance es vital en la enseñanza de la verdad. La Biblia nos muestra a un Dios de amor y justicia, de gracia y santidad, de misericordia y verdad. Exaltar una parte y minimizar otra crea desequilibrio. Predicar solo gracia sin santidad produce libertinaje. Predicar solo santidad sin gracia produce legalismo que mata.

Muchos grupos han reducido la doctrina a lo que se ve, como si la santidad dependiera del vestido. Pero la Biblia no enseña eso como medida de salvación. Pablo habló de modestia y decoro (1 Timoteo 2:9), pero siempre en relación al corazón y la actitud. No es lo mismo modestia bíblica que legalismo cultural. Lo esencial de la sana doctrina es Cristo y su evangelio eterno.

Un fundamento sólido también protege contra las modas espirituales. Hoy surgen doctrinas que parecen atractivas, pero que no tienen raíz en la Palabra. La iglesia madura las discierne porque está cimentada en la verdad. No se deja impresionar por lo nuevo, sino que permanece en lo eterno. Esa firmeza solo la da la sana doctrina bíblica.

La verdadera santidad no existe sin enseñanza firme. La fe debe estar acompañada por convicciones arraigadas en la Palabra. Una experiencia sin doctrina es inestable y peligrosa. Una doctrina sin experiencia se convierte en letra muerta. El equilibrio entre ambas es la marca de la sana doctrina.

Cuando se confunde la doctrina con costumbres humanas, se debilita el fundamento. En lugar de edificar en Cristo, se edifica en reglas que varían de un lugar a otro. Eso no produce madurez, sino dependencia de lo externo. Pero la Biblia nos llama a crecer en el conocimiento del Hijo de Dios (Efesios 4:13). Allí está el verdadero fundamento.

Por eso, la sana doctrina no es opcional. No es un accesorio para algunas iglesias, sino la base de todas. Es el cimiento que asegura la estabilidad espiritual. No podemos reemplazarlo por apariencias ni tradiciones. La iglesia fiel se mantiene en la verdad, y esa verdad está en la Palabra de Dios.

Ni emocionalismo vacío ni frialdad teológica

Uno de los mayores desafíos en la iglesia es evitar los extremos. Algunos caen en el emocionalismo vacío: buscan experiencias sin enseñanza. Otros caen en la frialdad teológica: acumulan conocimiento sin vida. Ambos extremos distorsionan la fe cristiana. La sana doctrina une mente y corazón bajo la guía de la Palabra.

El emocionalismo vacío confunde intensidad con verdad. Una persona puede llorar en un culto, pero si no aprende la Palabra, no madura. Las emociones no son malas, pero no pueden ser el fundamento de la fe. Jesús dijo que el verdadero discípulo permanece en su palabra (Juan 8:31). Esa permanencia es la que produce libertad genuina.

Por otro lado, la frialdad teológica convierte la fe en teoría sin práctica. Hay quienes conocen la Biblia pero no conocen al Dios de la Biblia. Sus vidas muestran dureza, no transformación. Pablo advirtió contra el conocimiento que envanece, y enseñó que el amor edifica (1 Corintios 8:1). La doctrina sin amor es letra muerta que no cambia corazones.

El equilibrio se logra cuando la doctrina produce vida. La enseñanza ilumina la mente y aviva el corazón. La sana doctrina lleva a la adoración genuina, no al fanatismo. Une el entendimiento con la experiencia del Espíritu Santo. Así se cumple el mandamiento de amar a Dios con todo el corazón y con toda la mente.

La verdadera fe une claridad en la verdad con fuego en el corazón; nunca es intelectualismo frío ni emoción vacía. Esa visión evita extremos y produce creyentes equilibrados. La doctrina sana nunca enfría, siempre enciende en obediencia. La verdad bien enseñada produce amor activo. La fe auténtica, enraizada en la Palabra, siempre conduce a una vida transformada y llena del Espíritu.

El peligro de los extremos es que dividen a la iglesia. Unos desprecian a los que sienten, otros a los que estudian. Pero ambos necesitan corregirse a la luz de la Palabra. La sana doctrina no elige entre razón o emoción, las integra en Cristo. Esa es la madurez que el pueblo de Dios necesita hoy.

Por eso, la doctrina sana no es opcional. No se trata de frialdad teológica ni de emocionalismo vacío. Se trata de verdad que transforma todas las dimensiones de la vida. Una iglesia sana enseña con claridad y adora con pasión. Esa es la evidencia de que Cristo gobierna en medio de su pueblo.

Formación de creyentes y no de consumidores

La meta de la sana doctrina es formar discípulos, no consumidores religiosos. Hoy muchas congregaciones han caído en un modelo de mercado. Ofrecen programas y actividades como productos para atraer clientes. Pero Cristo no llamó a clientes, llamó a discípulos. La diferencia entre ambos define la verdadera iglesia.

El discípulo se forma en la enseñanza de la Palabra. Jesús dijo: "Id y haced discípulos" (Mateo 28:19). Eso implica instrucción constante y obediencia práctica. No basta con asistir a un culto, hay que aprender y aplicar la verdad. La sana doctrina transforma vidas, no solo llena bancas en el templo.

El consumidor busca lo que le gusta, el discípulo busca lo que lo transforma. El primero se mueve por conveniencia, el segundo por obediencia. La doctrina sana marca la diferencia. Forma convicciones que permanecen en medio de pruebas. El consumidor se marcha cuando hay dificultad, el discípulo permanece fiel.

Una iglesia que no enseña doctrina produce inmadurez. Los creyentes terminan siendo guiados por emociones, opiniones o intereses personales. Pero una iglesia que enseña fielmente forma carácter en Cristo. Allí se ven frutos de santidad y servicio. Esa es la evidencia de una doctrina sólida y bíblica.

La clave para el crecimiento de la iglesia está en la formación doctrinal de los creyentes. Por eso es necesario establecer clases y grupos pequeños donde la Palabra se enseñe en comunidad. En esos espacios los hermanos aprenden la verdad y la aplican a la vida diaria. No se forman consumidores, sino discípulos maduros. Un modelo así tiene el poder de transformar sociedades enteras.

El legalismo produce consumidores de reglas, no discípulos maduros. La sana doctrina, en cambio, produce obediencia de corazón. El creyente aprende a vivir por convicción, no por apariencia. Esa diferencia marca el destino espiritual de una congregación. La verdad siempre forma carácter que resiste las pruebas.

Por eso, la iglesia debe recuperar su misión de enseñar la verdad completa. No es llenar sillas, es formar vidas para Cristo. La sana doctrina no es opcional porque asegura este propósito. Solo la verdad hace libres a los creyentes (Juan 8:32). Y solo ella produce discípulos que reflejan a Cristo en el mundo.

CAPÍTULO 8
EL FRUTO ANTES QUE LOS DONES

Mateo 7:16

Por sus frutos los conoceréis. ¿Acaso se recogen uvas de los espinos, o higos de los abrojos?

Introducción

Uno de los grandes errores de la iglesia moderna es medir la espiritualidad por los dones en lugar de por el fruto. Los dones son visibles, espectaculares y muchas veces llaman la atención. Pero el fruto se desarrolla en el carácter, en lo secreto y en la vida diaria. Jesús nunca dijo que conoceríamos a los suyos por los dones, sino por sus frutos. Esa verdad debe volver a ser el centro de nuestro discernimiento.

En muchas congregaciones se exalta al que tiene un don llamativo, como la profecía o la sanidad. Se le aplaude, se le sigue y hasta se le idolatra. Pero la Biblia muestra que alguien puede ejercer un don y aún así no vivir en obediencia a Dios. En 1 Corintios 13, Pablo dice que aun si alguien hablara lenguas de ángeles, sin amor no es nada. El fruto del Espíritu es la verdadera evidencia de madurez.

Los dones son un regalo de Dios, pero no garantizan integridad. Judas predicó, echó fuera demonios y caminó con Jesús, pero no tenía fruto verdadero. Su ministerio mostró dones, pero su carácter reveló traición. Eso nos enseña que los dones nunca deben reemplazar al fruto. La iglesia debe aprender a mirar más allá del escenario.

El peligro de exaltar los dones sobre el fruto es que se generan líderes inmaduros. Personas con carisma pero sin carácter terminan dirigiendo multitudes. Y tarde o temprano, su falta de fruto produce caída, escándalo o división. Cuando la iglesia confunde dones con madurez, se expone a graves peligros. La historia está llena de ejemplos que lo confirman.

Jesús puso el fruto como evidencia de vida verdadera. Dijo que el árbol bueno da buen fruto, y el árbol malo da mal fruto (Mateo 7:17). El fruto es lo que se ve en la vida diaria: paciencia, humildad, dominio propio, amor, bondad. Esas son las marcas de un creyente lleno del Espíritu. Nadie puede fingir fruto por mucho tiempo.

Los dones deben servir para edificar a la iglesia, no para exaltar al individuo. Pablo enseñó que los dones son dados para provecho común (1 Corintios 12:7). Eso significa que el centro no es el que ministra, sino la gloria de Cristo. El fruto asegura que el don sea usado con humildad. Sin fruto, el don puede convertirse en un arma de orgullo.

La iglesia necesita volver a este principio: el fruto antes que los dones. No se trata de rechazar lo sobrenatural, sino de ordenarlo bajo la verdad de la Palabra. Los dones son importantes, pero el fruto es indispensable. Donde hay fruto verdadero, los dones brillan en orden y en santidad. Ese es el modelo bíblico de madurez espiritual.

Madurez espiritual medida por el carácter

La madurez espiritual no se mide por cuánto sabe alguien, ni por cuántos dones ejerce. Se mide por cuánto se parece a Cristo en su carácter. El Espíritu Santo produce en nosotros el fruto de amor, gozo, paz, paciencia, benignidad, bondad, fe, mansedumbre y templanza (Gálatas 5:22-23). Ese fruto es la evidencia más clara de la vida en Dios. Sin carácter, todo lo demás es vacío.

El carácter no se construye de un día para otro, sino en un proceso constante. Dios usa pruebas, dificultades y procesos para formar su imagen en nosotros. Mientras que un don puede ser impartido de manera instantánea, el fruto requiere tiempo y obediencia. Esa es la gran diferencia entre ambos. La madurez espiritual no se hereda, se forma en el caminar diario.

El peligro de medir madurez por los dones es que cualquiera puede imitar manifestaciones externas. Una persona puede aprender a hablar en lenguas, a predicar con elocuencia o a imitar lo profético. Pero el carácter no se puede falsificar por mucho tiempo. Tarde o temprano, lo interno se refleja en lo externo. Jesús dijo que un árbol malo no puede dar buen fruto.

Un líder con dones pero sin carácter es un peligro para la iglesia. Puede arrastrar multitudes y luego caer en pecado público. Eso no solo destruye su vida, sino que hiere a la congregación. Por eso, la Biblia enfatiza tanto el carácter de los que sirven. Los obispos y diáconos debían ser irreprensibles, sobrios y de buen testimonio (1 Timoteo 3:2-10). La madurez se prueba en la vida diaria.

El fruto del Espíritu da credibilidad a los dones. Cuando alguien ministra con amor, humildad y santidad, el don se convierte en un canal de bendición. El fruto protege el don de la corrupción del ego. La gracia de Dios no anula lo humano, sino que lo eleva y lo perfecciona. Esa obra se refleja en un carácter transformado. Allí se mide la verdadera madurez.

El carácter también se prueba en lo oculto. Un creyente puede aparentar espiritualidad en público, pero su vida privada revela lo real. Dios no busca apariencias, busca integridad. El fruto no se manifiesta solo en el culto, sino en la casa, en el trabajo y en las relaciones. El cristiano maduro refleja a Cristo en todo lugar.

Por eso, la madurez espiritual no puede ser medida por dones. Puede haber milagros sin obediencia, pero nunca habrá fruto sin el Espíritu. El carácter de Cristo es la marca del creyente verdadero. Esa es la medida de Dios para su pueblo. Y esa debe ser también la medida de la iglesia.

Los dones dentro de límites bíblicos

Los dones del Espíritu son reales, poderosos y necesarios. La iglesia primitiva los practicaba con libertad, pero también con orden. Pablo dedicó capítulos enteros a enseñar cómo usarlos correctamente. El Espíritu reparte a cada uno como quiere, pero siempre para edificación. Los dones no son trofeos, son herramientas de servicio.

Cuando los dones se ejercen fuera de los límites bíblicos, traen confusión. En Corinto había desorden porque cada quien hablaba en lenguas al mismo tiempo sin interpretación. Pablo corrigió esa práctica y estableció orden (1 Corintios 14:27-28). El Espíritu no es de confusión, sino de paz. El orden asegura que los dones cumplan su propósito.

El límite más importante es la sujeción a la Palabra. Ningún don puede contradecir la Escritura. Si una profecía contradice lo que Dios ya ha dicho, no viene del Espíritu Santo. La Biblia es la medida infalible. Los dones deben confirmarla, nunca reemplazarla. Esa regla protege a la iglesia de falsos movimientos.

Otro límite es la edificación del cuerpo. Pablo enseñó que si alguien habla en lenguas pero no hay interpretación, debe guardar silencio (1 Corintios 14:28). Eso muestra que el enfoque no es la experiencia personal, sino el beneficio común. Los dones siempre deben apuntar a edificar a todos, no solo a impresionar a algunos.

También está el límite de la humildad. Ningún creyente debe pensar que por tener un don es superior a otro. Todos los dones son importantes en el cuerpo de Cristo. El ojo no puede decir a la mano: "no te necesito" (1 Corintios 12:21). El fruto del Espíritu mantiene esa humildad, recordando que todo proviene de Dios.

La historia muestra lo que ocurre cuando los dones se practican sin límites. Iglesias divididas, creyentes confundidos y testimonios dañados. Por eso, el orden bíblico no es un estorbo, es una protección. Los dones florecen más hermosos cuando crecen en el terreno fértil de la Palabra. Allí producen verdadera edificación.

Así que los dones son valiosos, pero no pueden ser exaltados por encima del fruto. Su poder es real, pero su propósito es servir. Dentro de los límites de la Escritura, brillan con pureza. Pero fuera de esos límites, se vuelven peligrosos. El fruto asegura que los dones se usen correctamente.

Discernimiento sobre plataformas

En la era moderna, muchos buscan plataformas más que discernimiento. Quieren ser vistos, escuchados y aplaudidos. Confunden influencia con autoridad espiritual. Pero la Biblia enseña que no todo el que sube a una plataforma es enviado por Dios. La verdadera autoridad nace en lo secreto con Él.

El discernimiento espiritual es más importante que el tamaño de una audiencia. Una persona puede predicar a miles y aún así estar desviada de la verdad. En cambio, un creyente que discierne puede proteger su corazón y el de otros. Hebreos 5:14 dice que los maduros tienen los sentidos ejercitados en el discernimiento del bien y del mal. Esa capacidad es fruto de la doctrina y la obediencia.

La plataforma puede engañar porque muestra lo visible, pero el discernimiento revela lo invisible. Muchos líderes carismáticos han arrastrado multitudes y después han caído. Su plataforma era grande, pero su discernimiento era pequeño. Cuando la iglesia sigue plataformas sin discernimiento, termina en engaño.

El fruto del Espíritu provee la base del discernimiento. El amor, la paciencia y la templanza protegen contra el error. Una iglesia que cultiva el fruto no se deja llevar por cada novedad. Evalúa todo a la luz de la Palabra. Eso evita que el pueblo de Dios sea llevado por emociones o modas espirituales.

Jesús advirtió que vendrían falsos profetas con señales y prodigios. Dijo que muchos serían engañados, pero que por sus frutos los conoceríamos. Esa es la clave: discernir no por las plataformas ni por los milagros, sino por el fruto. El fruto revela el corazón y la fuente del ministerio. Lo demás puede ser imitado, pero el fruto nunca.

La iglesia debe enseñar a discernir desde lo más básico. No basta con celebrar dones ni con admirar multitudes. Cada creyente debe ser entrenado para reconocer lo verdadero. Eso es parte de la sana doctrina: formar creyentes que saben discernir. El discernimiento es protección en tiempos de engaño.

Por eso, la prioridad debe ser discernimiento sobre plataformas. No es lo que se ve en el escenario, sino lo que se cultiva en el corazón. No es el número de seguidores, sino la obediencia a Cristo. Los dones pueden impresionar, pero el fruto es lo que permanece. Esa es la seguridad de la iglesia madura.

CAPÌTULO 9
IGLESIA RELACIONAL Y REDENTORA

Hebreos 10:24-25
Y considerémonos unos a otros para estimularnos al amor y a las buenas obras; no dejando de congregarnos, como algunos tienen por costumbre, sino exhortándonos; y tanto más, cuanto veis que aquel día se acerca.

Introducción

La iglesia de Cristo no fue diseñada como un club social ni como un centro de eventos, sino como un cuerpo vivo que refleja a su Señor. Cada miembro debe entender que lo esencial no es atraer multitudes con estrategias modernas, sino restaurar vidas con la verdad del evangelio. Sin embargo, hoy observamos que muchos han reducido la vida de la iglesia a programas vacíos que entretienen, pero no transforman. Esta realidad ha creado una generación de creyentes acostumbrados al espectáculo, pero carentes de raíces espirituales. La verdadera misión de la iglesia no es entretener multitudes, sino encender corazones con el fuego santo del evangelio.

Cuando la iglesia se aleja de su propósito relacional, pierde la fuerza del diseño original de Cristo. Los primeros discípulos no tenían templos majestuosos ni luces llamativas, pero sí un compromiso radical los unos con los otros. Su poder estaba en la comunión diaria, en compartir el pan y en sostenerse mutuamente en medio de la persecución. Esa clase de comunidad atraía a los incrédulos más que cualquier presentación externa. El desafío de la iglesia moderna es recuperar ese mismo modelo de comunión.

El mensaje del evangelio es redentor porque ofrece restauración a los quebrantados. No se trata de impresionar al mundo con creatividad humana, sino de mostrar la gloria de Dios en vasos de barro. Pablo mismo dijo en 2 Corintios 4:7: "Pero tenemos este tesoro en vasos de barro, para que la excelencia del poder sea de Dios, y no de nosotros." Esta verdad confronta cualquier intento de poner lo humano en primer lugar. La iglesia debe volver a poner a Cristo como el centro visible y no la producción del servicio.

La polarización actual ha hecho que algunos prefieran abandonar toda estructura, mientras otros se refugian en rituales vacíos. Ambos extremos carecen del propósito divino. Dios no nos llamó a vivir aislados, ni tampoco a vivir entretenidos sin cambio. Nos llamó a caminar juntos en restauración y discipulado. La iglesia es un hogar espiritual, no un teatro religioso. Como dijo un predicador fiel: "El cristianismo es comunión en amor, no una función en agenda."

Una iglesia relacional se enfoca en sanar corazones heridos, no en llenar asientos. Es en las conversaciones sinceras, en las oraciones compartidas y en el servicio mutuo donde se manifiesta el amor de Cristo. Una vida cristiana sin conexión con otros es vulnerable y frágil. La redención se hace palpable cuando los hermanos llevan juntos las cargas. Gálatas 6:2 dice: "Sobrellevad los unos las cargas de los otros, y cumplid así la ley de Cristo."

El desafío no es menor, pues la cultura actual promueve la independencia y la superficialidad. La gente quiere experiencias rápidas, pero no compromisos profundos. Una iglesia redentora no ofrece consumo espiritual, sino comunidad espiritual. Eso requiere intencionalidad, paciencia y un amor que no busca lo suyo. Si el mundo está polarizado, la iglesia debe ser el lugar donde esa división se derrumba, y allí se demuestra el poder reconciliador de Cristo.

En este capítulo abordaremos tres áreas vitales que muestran cómo debe ser una iglesia relacional y redentora. Primero, veremos la necesidad de restauración sobre espectáculo, para que Cristo sea exaltado y no el hombre. Segundo, reflexionaremos en la importancia de la comunión en lugar de entretenimiento, recuperando la esencia del compañerismo espiritual. Finalmente, aprenderemos del llamado a formar discípulos que discipulan, donde cada creyente es parte activa en el proceso redentor. Una iglesia así, valiente contra el pecado y apasionada solo por Dios, tiene el poder de impactar y transformar al mundo.

Restauración sobre espectáculo

La iglesia nunca fue llamada a ser un espectáculo para el mundo. En tiempos modernos, vemos auditorios llenos de luces, pantallas y producciones elaboradas, pero con corazones vacíos que salen igual que entraron. Esto no es un ataque contra la excelencia, sino una advertencia contra la sustitución del evangelio por lo superficial. La restauración de un alma es mucho más poderosa que cualquier presentación artística. Jesús dijo en Lucas 15:7: "Habrá más gozo en el cielo por un pecador que se arrepiente, que por noventa y nueve justos que no necesitan arrepentimiento."

El espectáculo busca impresionar, mientras la restauración busca transformar. Cuando el enfoque está en lo visual, la gente recuerda la experiencia; cuando está en Cristo, la gente recuerda al Salvador. La iglesia primitiva carecía de recursos externos, pero tenía el poder del Espíritu que redimía vidas. Esa es la esencia que debemos recuperar. La verdadera grandeza no está en un evento, sino en una vida cambiada, porque eso refleja la gloria de Dios.

Una iglesia redentora prioriza lo interno sobre lo externo. El espectáculo puede atraer por un momento, pero la restauración produce fruto eterno. Pablo reprendió a los gálatas por dejarse impresionar por apariencias externas y olvidarse de la gracia que salva. Gálatas 3:3 dice: "¿Tan necios sois? ¿Habiendo comenzado por el Espíritu, ahora vais a acabar por la carne?" Ese mismo error amenaza a la iglesia moderna. Una congregación enfocada en restaurar es más poderosa que la más grande producción, porque el Espíritu respalda lo genuino.

Restaurar implica tiempo, inversión y sacrificio. No es algo instantáneo ni cómodo, pero es el reflejo del corazón de Cristo. Jesús se detenía por los marginados, por los ciegos, por los leprosos. No había espectáculo, había redención. Hoy necesitamos volver a ese patrón de compasión, pues es ahí donde el evangelio brilla con más fuerza.

Una iglesia relacional no teme que su servicio se vea "menos atractivo" ante el mundo. No se mide por la estética, sino por la transformación. Es mejor un altar lleno de lágrimas genuinas que un escenario lleno de aplausos. El poder de Dios no se mide en luces, sino en corazones quebrantados delante de su presencia. Esa es la verdadera gloria que edifica a la iglesia y atrae al pecador.

El espectáculo termina, pero la restauración permanece. La gente puede salir admirada por lo que vio, pero solo se transformará por lo que Cristo hizo. Debemos recordar que el Espíritu Santo no necesita de adornos humanos para obrar. Cuando Él se mueve, no hay teatro ni producción que pueda compararse. La restauración es el mayor milagro de todos y lo que sostiene vidas enteras.

Así, la iglesia relacional y redentora siempre elegirá restauración sobre espectáculo. Porque en ese camino es donde el amor de Dios se hace visible y su poder se manifiesta. Isaías 61:1 dice: "El Espíritu de Jehová el Señor está sobre mí, porque me ungió Jehová; me ha enviado a predicar buenas nuevas a los abatidos; a vendar a los quebrantados de corazón." Esa es la misión central de la iglesia y el fundamento de su labor.

Comunión en lugar de entretenimiento

El entretenimiento busca distraer, mientras la comunión busca conectar. Una iglesia que sustituye la comunión por el entretenimiento pierde su esencia espiritual. La comunión no se trata de pasar tiempo juntos superficialmente, sino de compartir la vida en Cristo. Hechos 2:42 nos muestra el modelo original: "Y perseveraban en la doctrina de los apóstoles, en la comunión unos con otros, en el partimiento del pan y en las oraciones." Allí estaba la fuerza de la iglesia.

El entretenimiento produce emociones pasajeras; la comunión produce vínculos eternos. Cuando el pueblo de Dios comparte juntos en oración, en servicio y en testimonio, las cadenas caen y las cargas se alivian. El entretenimiento se consume y se olvida, pero la comunión se recuerda y se vive. Como ilustración, una comida sencilla compartida en un hogar cristiano puede ser más poderosa que un gran concierto sin discipulado. Esa diferencia marca el rumbo espiritual de una congregación.

La comunión verdadera exige vulnerabilidad y sinceridad. No es solo estar presentes físicamente, sino abrir el corazón. Santiago 5:16 dice: "Confesaos vuestras ofensas unos a otros, y orad unos por otros, para que seáis sanados." Esa práctica de transparencia trae sanidad y fortaleza espiritual. No se trata de ocultar las luchas, sino de caminar juntos en restauración, lo cual refleja el carácter de Cristo.

El entretenimiento pone al espectador en una posición pasiva; la comunión hace a cada creyente partícipe. En una iglesia relacional, todos tienen voz, todos oran, todos sirven. Nadie queda reducido a mero consumidor de experiencias. Esto es vital para enfrentar la polarización que divide, porque la comunión nos une en un solo cuerpo. Un abrazo fraternal tiene más poder que mil espectáculos, porque el amor permanece.

La comunión genera un sentido de pertenencia que el entretenimiento no puede dar. Cuando un creyente sabe que es amado y sostenido, su fe se afirma. Esa seguridad no se encuentra en un evento, sino en la relación. Romanos 12:10 dice: "Amaos los unos a los otros con amor fraternal; en cuanto a honra, prefiriéndoos los unos a los otros." Allí está el fundamento de una iglesia redentora y madura.

El entretenimiento puede llenar un calendario, pero la comunión llena el corazón. Muchos buscan programar actividades para mantener a la gente ocupada, pero eso no garantiza crecimiento espiritual. Lo que edifica es la vida compartida, el discipulado constante, la oración intercesora. Esa es la comunión que transforma vidas y muestra el rostro de Cristo. Como ilustración, un joven fortalecido por la oración de sus hermanos en un momento de crisis jamás olvidará ese respaldo.

Por eso, la iglesia debe preferir comunión en lugar de entretenimiento. Porque lo que sostiene en la prueba no es lo que viste, sino quién caminó contigo. La verdadera espiritualidad se expresa en el amor que une al pueblo de Dios en comunión viva. Ese amor compartido fortalece, levanta y restaura a los creyentes. Y ese amor práctico es el testimonio más fuerte que la iglesia puede ofrecer al mundo.

Discípulos que discipulan

El llamado de Cristo no fue a crear espectadores, sino discípulos que hacen discípulos. Mateo 28:19 dice: "Por tanto, id, y haced discípulos a todas las naciones, bautizándolos en el nombre del Padre, y del Hijo, y del Espíritu Santo." Este mandato es la base de una iglesia redentora. Una iglesia que no discipula es como un ejército que no entrena: está destinada al fracaso. El Evangelio de Cristo nos forma para caminar en comunidad, porque el verdadero discipulado nunca es solitario.

Hacer discípulos implica invertir tiempo y esfuerzo en otros. No se trata solo de transmitir conocimiento, sino de formar carácter y modelar obediencia. Jesús pasó tres años con sus discípulos, no para entretenerlos, sino para formarlos. El discipulado verdadero es relacional, cercano y práctico. Una conversación de mentoría puede marcar más que una predicación espectacular.

El discipulado no es un programa opcional, es la misión central. Cada creyente tiene la responsabilidad de enseñar y acompañar a otros en el camino. Pablo dijo a Timoteo en 2 Timoteo 2:2: "Lo que has oído de mí ante muchos testigos, esto encarga a hombres fieles que sean idóneos para enseñar también a otros." Ese es el modelo de multiplicación espiritual que necesitamos recuperar. La iglesia que abraza este modelo se multiplica en vida y en carácter.

Una iglesia que solo recibe y no da, se estanca. El discípulo que no discipula se convierte en consumidor y no en sembrador. La madurez espiritual se mide en la capacidad de reproducirse en otros. Como ilustración, un árbol frutal no se considera maduro hasta que da fruto que contiene semilla para más árboles. Así mismo, el creyente maduro debe dar fruto en otros para cumplir su propósito.

El discipulado requiere compromiso y rendición. No se trata de caminar solo, sino de acompañar y ser acompañado. Una iglesia donde nadie discipula es una iglesia inmadura. El crecimiento numérico no sustituye al crecimiento en profundidad. Como dijo un predicador fiel: "No me impresiona una multitud, sino un discípulo fiel que engendra otros discípulos fieles."

El discipulado redentor transforma familias, comunidades y generaciones. No es solo enseñanza, es vida compartida. Los discípulos de Cristo no solo predicaban, sino que vivían el evangelio en cada aspecto de su existencia. Esa coherencia es la que impactaba al mundo. Hoy necesitamos volver a esa práctica que multiplica la fe de manera genuina.

Por eso, una iglesia relacional y redentora debe tener como marca distintiva que sus discípulos discipulen. Solo así el evangelio se expande de corazón a corazón y de vida a vida. Esa es la manera en que el mensaje no se pierde, sino que se transmite con poder. Mateo 5:14 dice: "Vosotros sois la luz del mundo; una ciudad asentada sobre un monte no se puede esconder." La iglesia brilla cuando cada discípulo hace discípulos, y así el Reino avanza.

CAPÌTULO 10
UNIDAD EN LA VERDAD, NO EN EL COMPROMISO

Juan 17:17
Santifícalos en tu verdad; tu palabra es verdad.

Introducción

La unidad de la iglesia no puede construirse sobre acuerdos humanos vacíos ni sobre compromisos superficiales. Cristo oró para que su pueblo fuese uno, pero aclaró que esa unidad debía estar fundamentada en la verdad de la Palabra. Cuando la iglesia busca unión sin verdad, lo que obtiene no es unidad, sino confusión disfrazada de paz. La verdad es el cimiento que sostiene cualquier comunión genuina. Y lejos de dañar, la verdad siempre libera y fortalece a quienes la reciben con un corazón sincero.

En tiempos modernos, algunos proponen sacrificar principios bíblicos para mantener un ambiente de armonía aparente. Esta práctica debilita el testimonio de la iglesia y abre puertas al error. El amor verdadero no se opone a la verdad, sino que se nutre de ella. Donde la verdad se acomoda, el pecado se normaliza y la autoridad espiritual se desvanece. Una unidad sin verdad no es de Cristo, sino del mundo.

El propósito del evangelio no es que todos piensen igual por conveniencia, sino que vivan conforme a la misma Palabra. La diversidad de dones y culturas es compatible con la unidad, siempre que el fundamento sea la verdad revelada. La iglesia primitiva enfrentó divisiones, pero siempre resolvió las diferencias regresando a la Escritura y a la enseñanza apostólica. Hoy debemos imitar ese modelo. La verdad es el idioma común del cuerpo de Cristo.

La polarización actual en la iglesia ha creado extremos peligrosos. Por un lado, algunos buscan una unidad meramente institucional, ignorando principios eternos. Por el otro, algunos levantan barreras innecesarias y rompen comunión por asuntos secundarios. Ambos extremos fallan en el propósito. La verdadera unidad se logra cuando el pueblo se sujeta a la verdad y camina en amor. Efesios 4:15 dice: "sino que siguiendo la verdad en amor, crezcamos en todo en aquel que es la cabeza, esto es, Cristo."

Es importante comprender que el amor y la verdad no son opuestos, sino aliados. Amar sin verdad es sentimentalismo vacío, y verdad sin amor es dureza que hiere. La iglesia necesita abrazar ambos para reflejar el carácter de Cristo. Jesús no sacrificó la verdad para atraer multitudes, pero tampoco dejó de amar a los pecadores. Esa tensión santa debe guiar nuestras acciones.

Cada generación de creyentes enfrenta la tentación de negociar principios para ganar aceptación. Sin embargo, la Escritura deja claro que no podemos edificar sobre un fundamento corrupto. La iglesia que busca ser relevante a costa de la verdad pierde su poder espiritual. La relevancia verdadera surge de la fidelidad a la Palabra. Como ilustración, una lámpara solo alumbra si está conectada a la fuente correcta de energía.

En este capítulo consideraremos tres principios fundamentales que nos ayudarán a vivir una unidad en la verdad, no en el compromiso. Primero, reflexionaremos en la necesidad de **no negociar la verdad por membresía**, aunque eso implique números más pequeños. Segundo, veremos la importancia de **confrontar con amor y no acomodar el pecado**, como lo hizo Cristo con los suyos. Finalmente, aprenderemos a valorar la **corrección como parte del amor verdadero**, entendiendo que corregir es una expresión de cuidado. Como dijo un predicador fiel: "La unidad no se logra cerrando los ojos a la verdad, sino abriéndolos a la luz de la Palabra."

No negociar la verdad por membresía

El deseo de crecimiento numérico ha llevado a muchas iglesias a suavizar su mensaje. En lugar de predicar arrepentimiento, algunos se enfocan solo en aceptación. Esto crea congregaciones llenas de gente, pero vacías de transformación. La Escritura enseña que la verdad nunca debe ser sacrificada en nombre de la cantidad. Mateo 7:14 recuerda: "Porque estrecha es la puerta, y angosto el camino que lleva a la vida, y pocos son los que la hallan."

Cuando se negocia la verdad para ganar adeptos, lo que se forma no es un rebaño, sino una multitud sin pastor. La verdadera iglesia no se mide por estadísticas, sino por fidelidad a Cristo. Es preferible un grupo pequeño lleno de fuego espiritual que un auditorio grande sin compromiso con la cruz. La calidad del discipulado siempre debe estar sobre la cantidad de asistentes. Como ilustración, un árbol fuerte da más fruto que un bosque de ramas secas.

Cristo nunca prometió multitudes fáciles, sino una cruz que debíamos cargar. La iglesia que presenta un evangelio diluido traiciona el llamado del Maestro. La membresía genuina nace de la convicción y el arrepentimiento, no de estrategias para agradar a todos. Jesús mismo vio a muchos irse cuando sus palabras resultaron difíciles. Juan 6:66 registra: "Desde entonces muchos de sus discípulos volvieron atrás, y ya no andaban con él."

El verdadero crecimiento es el que produce raíces profundas. No se trata de llenar listas de nombres, sino de levantar discípulos firmes. Una iglesia que se aferra a la verdad puede ser rechazada por algunos, pero será respetada por su integridad. La fidelidad pesa más que la popularidad. Más valor tiene un pequeño grupo que tema a Dios que una multitud que solo tema a la opinión pública.

Negociar la verdad por membresía es construir sobre arena. Los que vienen por comodidad se irán por comodidad. Solo aquellos que vienen atraídos por la verdad permanecen. La iglesia debe ser clara en su mensaje, aunque eso implique perder simpatías. La claridad doctrinal es un acto de amor, porque salva almas del engaño.

La membresía que vale es la que responde al llamado de Cristo y no a la presión cultural. Una iglesia pequeña, pero fiel, es más poderosa que una multitud que sigue tradiciones vacías. La presencia de Dios se manifiesta donde hay obediencia, no donde hay multitudes. El Espíritu Santo honra la verdad, no la cantidad. La verdad es lo que mantiene firme el edificio espiritual.

Por eso, la iglesia debe decidir entre ser popular o ser fiel. La unidad real surge cuando todos caminan bajo la misma verdad, no cuando se acomodan al mismo error. La fidelidad trae oposición, pero también trae respaldo divino. Apocalipsis 3:8 dice: "Yo conozco tus obras; he aquí, he puesto delante de ti una puerta abierta, la cual nadie puede cerrar; porque aunque tienes poca fuerza, has guardado mi palabra, y no has negado mi nombre."

Confrontar con amor, no acomodar el pecado

La confrontación no es contraria al amor; al contrario, es su expresión más honesta. Jesús confrontaba a los fariseos, pero también a sus propios discípulos cuando fallaban. Nunca los humilló, pero tampoco les ocultó la verdad. El amor verdadero no tapa el pecado, lo expone para sanarlo. Proverbios 27:5 dice: "Mejor es reprensión manifiesta que amor oculto."

Acomodar el pecado en nombre del amor es una distorsión peligrosa. La iglesia que normaliza lo que Dios llama pecado pierde su autoridad espiritual. La gracia no es permiso para pecar, sino poder para vencer el pecado. El evangelio no nos deja como estamos, nos transforma. Como ilustración, un médico que ignora un tumor no ama a su paciente, lo condena.

Jesús nos mostró cómo confrontar con amor. A la mujer sorprendida en adulterio, no la condenó, pero tampoco la aprobó. Sus palabras fueron claras: "Vete, y no peques más" (Juan 8:11). Ese equilibrio entre compasión y verdad es el modelo para la iglesia. El amor de Cristo nos abraza, pero su verdad nos cambia. Sin confrontación no hay libertad real.

Confrontar con amor también requiere valentía. Muchas veces es más fácil callar para no incomodar, pero eso es falta de amor. El silencio ante el pecado fortalece la mentira. Amar es hablar aunque duela, porque lo eterno pesa más que lo momentáneo. No hay mayor expresión de amor que señalar el camino de la cruz, aun cuando la verdad incomode.

La iglesia está llamada a ser columna y baluarte de la verdad. Esto significa que no puede callar frente al pecado aunque sea incómodo. Callar puede parecer diplomático, pero en realidad es destructivo. La confrontación, cuando se hace en amor, protege al rebaño de la corrupción. La verdad confronta para liberar, no para condenar.

El pecado no se combate con tolerancia, sino con gracia transformadora. La gracia no excusa, redime. La iglesia no debe conformarse a las corrientes de pensamiento que buscan suavizar lo que Dios declaró como iniquidad. Romanos 6:23 recuerda: "Porque la paga del pecado es muerte, mas la dádiva de Dios es vida eterna en Cristo Jesús Señor nuestro." La claridad salva vidas.

Así, confrontar con amor es el camino de la iglesia fiel. La corrección hecha en el espíritu correcto produce fruto de arrepentimiento. El amor que calla ante el pecado es falso amor. La verdad dicha con lágrimas vale más que el silencio dicho con sonrisas. La unidad en la verdad exige valentía y misericordia al mismo tiempo.

La corrección como parte del amor verdadero

Muchos temen a la corrección porque la confunden con rechazo. Sin embargo, la Biblia enseña que la corrección es evidencia de amor. Hebreos 12:6 dice: "Porque el Señor al que ama, disciplina, y azota a todo el que recibe por hijo." La disciplina de Dios no busca destruirnos, sino formarnos. Así también debe ser la corrección en la iglesia.

La corrección protege al creyente de caminos destructivos. Cuando alguien se desvía, necesita una voz que lo redireccione. Ignorar el error por temor a ofender es una traición al amor. Corregir a tiempo puede salvar una vida entera de ruina. Como ilustración, un conductor que recibe una advertencia evita un accidente.

El amor verdadero no se limita a animar, también advierte. Una iglesia que solo consuela pero nunca corrige forma creyentes inmaduros. La madurez espiritual surge del equilibrio entre ánimo y corrección. Proverbios 3:11-12 recuerda: "No menosprecies, hijo mío, el castigo de Jehová, ni te fatigues de su corrección; porque Jehová al que ama castiga, como el padre al hijo a quien quiere."

Corregir con amor requiere humildad. No se trata de imponerse con superioridad, sino de guiar como hermanos en Cristo. El objetivo de la corrección no es demostrar autoridad, sino rescatar al caído. Una palabra dicha con ternura y verdad puede levantar más que mil juicios. La iglesia debe cultivar esa práctica con sabiduría.

La corrección también refleja obediencia al mandato de Cristo. Mateo 18:15 enseña a ir primero al hermano en privado, mostrando cuidado antes que exposición. Este método evita la vergüenza y fomenta la restauración. Seguir este patrón honra al Señor y preserva la unidad del cuerpo. El orden bíblico siempre busca restaurar, no destruir.

Negar la corrección es negar el discipulado. El discípulo que no acepta corrección nunca crecerá en madurez. La iglesia no puede formar líderes ni obreros fieles sin practicar esta disciplina. La corrección es parte esencial del amor verdadero, porque guía hacia la santidad. Una familia espiritual que corrige demuestra que se preocupa por sus hijos.

Por eso, la iglesia debe ver la corrección como un acto de gracia. Amar es también señalar el peligro, aunque sea incómodo. La unidad en la verdad se fortalece cuando se practica la disciplina bíblica. Una iglesia que corrige con amor muestra el carácter de su Padre celestial. Negarse a corregir al hermano que se extravía no es amor, sino indiferencia que hiere más que la verdad.

PARTE 3
EL CREYENTE QUE NO SE DEJA ARRASTRAR
CÓMO DISCERNIR Y RESISTIR

1 Juan 4:1
Amados, no creáis a todo espíritu, sino probad los espíritus si son de Dios; porque muchos falsos profetas han salido por el mundo.

CAPÍTULO 11
NO TODO LO QUE BRILLA ES ESPIRITUAL

1 Juan 4:1

Amados, no creáis a todo espíritu, sino probad los espíritus si son de Dios; porque muchos falsos profetas han salido por el mundo.

Introducción

En un mundo saturado de voces y movimientos religiosos, es fácil confundir lo espectacular con lo espiritual. La iglesia se enfrenta constantemente a manifestaciones que parecen genuinas, pero cuya raíz no siempre proviene del Espíritu de Dios. El apóstol Juan advirtió a los creyentes a no creer a todo espíritu, porque hay imitaciones que buscan engañar. Lo que brilla no siempre es oro, y lo que impresiona no siempre edifica. La madurez espiritual consiste en saber diferenciar.

El mover emocional puede parecer convincente y hasta conmovedor. Sin embargo, las emociones son pasajeras y no tienen el poder de transformar un corazón. Muchas veces, la gente confunde una fuerte impresión sentimental con la obra del Espíritu Santo. La diferencia está en que el Espíritu no solo conmueve, sino que cambia y redime. La verdadera fe no se valida por los sentimientos, sino por la obediencia que produce fruto.

La Escritura nos enseña a evaluar más allá de lo visible. Jesús mismo dijo que vendrían falsos profetas que mostrarían señales y prodigios para engañar, si fuere posible, aun a los escogidos. Esto significa que los milagros o manifestaciones externas no son garantía de lo divino. El verdadero mover de Dios siempre produce fruto de santidad y obediencia. Un árbol se conoce por su fruto, no por el brillo de sus hojas.

El creyente que no se deja arrastrar sabe poner a prueba cada cosa con la Palabra. El Espíritu Santo nunca se contradice ni se aparta de lo revelado en la Escritura. Si algo parece espiritual pero conduce a orgullo, división o confusión, no puede ser de Dios. La Palabra es la regla que separa lo falso de lo verdadero. Como ilustra un plomero que mide con el nivel, lo que no se ajusta a la medida se reconoce enseguida.

La polarización en la iglesia moderna ha creado espacios donde se aplaude lo llamativo sin discernir su origen. Algunos buscan señales como evidencia de espiritualidad, mientras otros rechazan cualquier manifestación por temor al engaño. Ambos extremos son dañinos. El camino bíblico es probarlo todo y retener lo bueno, sin apagar al Espíritu ni abrirse al error. 1 Tesalonicenses 5:21-22 dice: "Examinadlo todo; retened lo bueno. Absteneos de toda especie de mal."

La inmadurez espiritual lleva a muchos a dejarse arrastrar por la emoción del momento. Una iglesia que confunde emoción con Espíritu puede vivir en un ciclo de altibajos constantes. Lo que sostiene la fe no es una experiencia momentánea, sino la verdad eterna de la Palabra. El discernimiento es vital para evitar ser llevados por cualquier viento de doctrina. Como ilustración, un marinero sin brújula queda a merced de las olas, pero con brújula se mantiene en rumbo.

En este capítulo abordaremos tres principios clave que nos ayudan a discernir lo verdadero de lo falso. Primero, aprenderemos a **diferenciar mover emocional de mover del Espíritu**, entendiendo que lo emocional puede parecer genuino sin serlo. Segundo, reflexionaremos en la necesidad de **evaluar la raíz y no solo el fruto visible**, reconociendo que lo externo no siempre revela lo interno. Finalmente, veremos que **el discernimiento es un escudo contra el engaño**, necesario para todo creyente maduro. Como dijo un predicador fiel: "El discernimiento no es ver lo malo en lo malo, sino ver lo malo en lo que aparenta ser bueno."

Diferenciar mover emocional de mover del Espíritu

El mover emocional apela a los sentimientos, mientras que el mover del Espíritu transforma el corazón. Muchas veces las emociones pueden provocar lágrimas, gritos o entusiasmo, pero eso no significa que haya una obra genuina de Dios. El Espíritu Santo no se limita a conmover, sino que produce arrepentimiento, santidad y obediencia. La emoción es momentánea, pero el Espíritu deja un fruto permanente. Gálatas 5:22-23 nos recuerda: "Mas el fruto del Espíritu es amor, gozo, paz, paciencia, benignidad, bondad, fe, mansedumbre, templanza."

No todo lo que parece espiritual viene del Espíritu. Algunas experiencias buscan impresionar a los sentidos, pero carecen de profundidad. El creyente debe aprender a distinguir entre el fervor humano y la unción divina. Cuando el Espíritu obra, la vida cambia, el pecado se abandona y Cristo es glorificado. En cambio, lo emocional deja a la persona igual que antes, aunque más exaltada. Como ilustración, un fuego artificial ilumina fuerte por segundos, pero luego se apaga sin dejar calor.

La Biblia muestra ejemplos donde la emoción fue confundida con lo espiritual. El pueblo de Israel se emocionaba con señales externas, pero rápidamente caía en idolatría. En cambio, cuando el Espíritu obraba, había arrepentimiento y transformación duradera. La diferencia está en la raíz: lo emocional depende del hombre, lo espiritual depende de Dios. Esa distinción es esencial para no ser engañados.

El creyente maduro no desprecia la emoción, pero no la confunde con lo divino. Dios nos creó con emociones, y estas pueden ser parte de nuestra adoración, pero nunca el centro. El centro es Cristo y su obra redentora. Cuando el Espíritu obra, la emoción acompaña, pero no sustituye. La emoción puede abrir el corazón, pero solo el Espíritu lo cambia.

El mover del Espíritu se confirma con fruto a largo plazo. Si después de una experiencia emocional no hay transformación, entonces no fue más que un momento humano. Pero si después de un encuentro con Dios hay un cambio de vida, eso es evidencia del Espíritu. 2 Corintios 5:17 dice: "De modo que si alguno está en Cristo, nueva criatura es; las cosas viejas pasaron; he aquí todas son hechas nuevas." El Espíritu no deja las cosas igual.

El problema de depender solo de lo emocional es que se crea una fe débil e inconstante. Una iglesia que vive de emoción en emoción pierde firmeza en la prueba. El Espíritu Santo nos sostiene aun cuando no sentimos nada extraordinario. La fe se ancla en la Palabra, no en la sensación. La fe genuina comienza cuando aprendemos a confiar en lo que Dios ha dicho por encima de lo que sentimos.

Por eso, debemos aprender a diferenciar claramente entre un mover emocional y un mover del Espíritu. El primero deja recuerdos intensos, el segundo deja frutos eternos. El primero depende del hombre, el segundo glorifica a Dios. El primero puede engañar, el segundo transforma. La clave está en probarlo todo con la Palabra y el fruto que produce.

Evaluar la raíz, no solo el fruto visible

El error común de muchos creyentes es evaluar solo lo que se ve. Sin embargo, el fruto puede aparentar ser bueno aunque la raíz esté enferma. Jesús dijo en Mateo 7:15-16: "Guardaos de los falsos profetas, que vienen a vosotros con vestidos de ovejas, pero por dentro son lobos rapaces. Por sus frutos los conoceréis." Este pasaje nos invita a mirar más allá de lo externo y examinar lo interno.

Algunos ministerios pueden mostrar éxito visible: multitudes, milagros aparentes y gran crecimiento. Pero si la raíz no está en Cristo, ese fruto se corromperá tarde o temprano. La raíz determina la calidad del fruto. Una vida fundada en la Palabra producirá fruto duradero, mientras que una vida fundada en la vanidad producirá engaño. Como ilustración, un árbol con raíz podrida puede dar frutos hermosos por un tiempo, pero pronto se arruina.

El creyente debe aprender a ir más allá de lo aparente. No basta con admirar dones o resultados visibles. Hay que preguntarse cuál es la motivación, cuál es la doctrina y cuál es la obediencia que hay detrás. Una obra de Dios siempre tiene como raíz la gloria de Cristo y la fidelidad a su Palabra. Cualquier otra raíz es sospechosa. El Espíritu Santo nunca contradice la Escritura.

El fruto visible no es suficiente evidencia sin examinar la raíz. Los falsos profetas pueden mostrar prodigios, pero su vida revela otra realidad. Jesús dijo en Mateo 7:20: "Así que, por sus frutos los conoceréis." La repetición de esta enseñanza enfatiza que no basta con señales externas. Lo que importa es lo que sostiene esas señales. La raíz es lo que valida lo que se ve.

Evaluar la raíz requiere paciencia y discernimiento. No siempre se revela de inmediato, pero con el tiempo todo sale a la luz. El creyente sabio observa la doctrina, el carácter y la obediencia. Si algo parece espiritual, pero produce orgullo, división o confusión, no puede ser de Dios. Santiago 3:17 nos recuerda: "Pero la sabiduría que es de lo alto es primeramente pura, después pacífica, amable, benigna, llena de misericordia y de buenos frutos."

Muchos engaños espirituales han prosperado porque la gente solo evaluó lo superficial. Los lobos vestidos de oveja se aprovechan de la falta de discernimiento. La iglesia necesita volver a examinar no solo lo que se ve, sino lo que se cree y se enseña. El evangelio genuino no se sostiene en apariencia, sino en verdad. Una raíz sana siempre producirá vida y santidad.

Por eso, debemos aprender a evaluar la raíz y no solo el fruto visible. Lo que brilla no siempre es espiritual, pero lo que permanece en la verdad siempre dará evidencia con el tiempo. Una iglesia con raíz en Cristo resistirá cualquier viento de doctrina. Efesios 3:17 dice: "Que habite Cristo por la fe en vuestros corazones, a fin de que, arraigados y cimentados en amor." La raíz correcta asegura un fruto correcto.

El discernimiento como escudo contra el engaño

El discernimiento es la capacidad espiritual de distinguir lo verdadero de lo falso. No es un don reservado para unos pocos, sino una práctica que todo creyente debe cultivar. Sin discernimiento, la iglesia queda vulnerable a cualquier doctrina extraña. El enemigo se disfraza de ángel de luz, y solo la verdad puede desenmascararlo. 2 Corintios 11:14 advierte: "Y no es maravilla, porque el mismo Satanás se disfraza como ángel de luz."

El discernimiento no se basa en sospecha ni en crítica, sino en la Palabra de Dios. Un creyente discernidor no anda buscando errores, sino confirmando la verdad. El discernimiento protege el corazón de caer en el engaño. Así como un soldado usa su escudo para detener flechas, el cristiano usa el discernimiento para detener mentiras. La Palabra es la medida con la que se prueba todo.

La falta de discernimiento es peligrosa porque abre la puerta al error. Muchos han sido arrastrados por doctrinas extrañas simplemente porque no evaluaron lo que escuchaban. El discernimiento no es opcional, es vital. Hebreos 5:14 dice: "Pero el alimento sólido es para los que han alcanzado madurez, para los que por el uso tienen los sentidos ejercitados en el discernimiento del bien y del mal." La madurez espiritual se demuestra con discernimiento.

El discernimiento se desarrolla con práctica y oración. No basta con escuchar enseñanzas, hay que examinarlas a la luz de la Escritura. Los de Berea fueron elogiados porque escudriñaban cada día las Escrituras para ver si las cosas eran así. Ese modelo debe guiar a la iglesia hoy. Como ilustración, un banquero distingue un billete falso no mirando el falso, sino conociendo el verdadero.

El discernimiento es también una forma de cuidado mutuo en la iglesia. Cuando un hermano se desvía, los demás deben advertirlo con amor. La comunidad espiritual se fortalece cuando todos ejercen discernimiento. No se trata de juzgar, sino de proteger. La unidad en la verdad se preserva cuando el discernimiento es practicado colectivamente.

Un creyente sin discernimiento es como un soldado sin escudo. Puede tener buenas intenciones, pero quedará expuesto a las mentiras del enemigo. El discernimiento es el escudo que evita ser arrastrado por lo que brilla pero no edifica. Una iglesia con discernimiento no se deja impresionar, sino que se mantiene firme. Efesios 6:16 recuerda: "Sobre todo, tomad el escudo de la fe, con que podáis apagar todos los dardos de fuego del maligno."

Por eso, el discernimiento debe ser cultivado como parte esencial de la vida cristiana. No es un lujo, es una necesidad para los tiempos que vivimos. El engaño crece, pero también lo hace la luz de la Palabra. Con discernimiento, el creyente no se deja arrastrar por lo que parece, sino que permanece en lo que es. La luz que Dios nos da no es para contemplarla pasivamente, sino para caminar en obediencia a ella.

CAPÌTULO 12
ANALFABETISMO BÌBLICO: EL CÀNCER SILENCIOSO

Oseas 4:6
Mi pueblo fue destruido, porque le faltó conocimiento; por cuanto desechaste el conocimiento, yo te echaré del sacerdocio; y porque olvidaste la ley de tu Dios, también yo me olvidaré de tus hijos.

Introducción

La ignorancia bíblica se ha convertido en uno de los problemas más graves de la iglesia moderna. Aunque nunca antes hubo tanto acceso a Biblias impresas y digitales, muchos creyentes apenas conocen lo que dicen sus páginas. Este desconocimiento abre la puerta al error y al engaño, porque sin la Palabra el creyente queda desarmado. No es exagerado llamarlo un "cáncer silencioso" que debilita a la iglesia desde adentro. La salud espiritual depende del alimento diario de la Escritura.

El analfabetismo bíblico no significa no tener Biblia, sino no leerla ni aplicarla. Una Biblia cerrada en la mesa de noche no transforma a nadie. El poder está en escudriñarla, meditarla y obedecerla. Cuando el pueblo de Dios se conforma con escuchar fragmentos los domingos, pierde el poder de discernimiento. Un creyente que ama y vive la Palabra vale más que una multitud sin dirección, porque la verdad en su corazón lo hace inconmovible.

La polarización en la iglesia muchas veces nace de la ignorancia bíblica. Algunos levantan doctrinas basadas en tradiciones humanas, otros en experiencias emocionales, pero ambos carecen de fundamento. Cuando el pueblo no conoce la Escritura, se deja llevar por voces que suenan convincentes. Sin embargo, el creyente arraigado en la Palabra permanece firme. Mateo 7:24 enseña: "Cualquiera, pues, que me oye estas palabras, y las hace, le compararé a un hombre prudente, que edificó su casa sobre la roca."

El cáncer silencioso de la ignorancia bíblica no se detecta fácilmente al principio. La gente puede asistir fielmente a los servicios, levantar manos y cantar, pero vivir sin dirección de la Palabra. Poco a poco, esa carencia los hace vulnerables a falsos maestros y a filosofías vacías. El peligro es real, porque el enemigo siempre ha usado la mentira como su arma principal. Como ilustración, una oveja sin pastor se extravía sin notarlo.

La Biblia no fue dada solo para los predicadores, sino para todo el pueblo de Dios. Cada creyente tiene la responsabilidad de escudriñar y aplicar la Palabra en su vida. El Espíritu Santo ilumina a todo aquel que se acerca con hambre sincera. La ignorancia bíblica no tiene excusa en tiempos donde la Escritura está al alcance de todos. Lo que falta no es acceso, sino disposición.

El problema no es nuevo, pues desde tiempos antiguos Dios reprendió a su pueblo por ignorar su ley. Los profetas llamaban a volver al pacto porque la gente había olvidado las palabras divinas. Hoy la situación es similar: mucho conocimiento humano, poca obediencia bíblica. La iglesia necesita un despertar hacia la centralidad de la Escritura. 2 Timoteo 3:16 recuerda que "Toda la Escritura es inspirada por Dios, y útil para enseñar, para redargüir, para corregir, para instruir en justicia."

En este capítulo veremos tres aspectos fundamentales para vencer este cáncer silencioso. Primero, reflexionaremos en cómo **la ignorancia bíblica facilita el engaño**, dejando a muchos indefensos. Segundo, estudiaremos la importancia del **estudio personal como defensa**, un hábito vital para la madurez espiritual. Finalmente, veremos que **la Palabra es un arma de verdad**, indispensable para resistir la mentira y vivir en libertad. Como dijo un predicador fiel: "No es la Biblia cerrada la que transforma, sino la Biblia abierta en un corazón obediente."

La ignorancia bíblica facilita el engaño

Un pueblo que no conoce la Escritura es presa fácil del error. El enemigo sabe que donde no hay Palabra, hay confusión. Así como Eva fue engañada por la serpiente al tergiversar lo que Dios había dicho, hoy muchos son confundidos por falta de conocimiento. La ignorancia espiritual no es inocente, es peligrosa. Proverbios 19:2 dice: "El alma sin ciencia no es buena, y aquel que se apresura con los pies, peca."

La ignorancia bíblica abre puertas a doctrinas de hombres que se disfrazan de piedad. Los falsos maestros prosperan donde la gente no conoce la verdad. Prometen libertad, pero llevan a esclavitud. La Biblia es clara en advertir que vendrán lobos disfrazados de ovejas. Sin discernimiento, muchos los siguen como ovejas al matadero. Como ilustración, un billete falso engaña a quien nunca ha visto el verdadero.

La ignorancia también genera cristianos débiles que dependen solo de emociones. Una persona que no conoce la Palabra se mueve de acuerdo a lo que siente, no a lo que Dios dice. Esto produce inconstancia y falta de firmeza en la fe. La vida espiritual no se sostiene con sentimientos, sino con la verdad de Dios. Mateo 22:29 dice: "Erráis, ignorando las Escrituras y el poder de Dios."

El engaño prospera en la oscuridad de la ignorancia. Cuando la Biblia no es leída, cualquier palabra humana parece suficiente. La gente empieza a creer mitos, supersticiones o tradiciones como si fueran doctrina. Esto crea divisiones y polarización. Una iglesia ignorante es una iglesia débil. Una iglesia firme es aquella que conoce y aplica la Palabra.

La ignorancia bíblica es peligrosa porque crea una fe superficial. Los creyentes conocen frases populares pero no el contexto bíblico. Repetir versículos sin entenderlos no es fe, es tradición vacía. Lo que da fuerza es el conocimiento aplicado de la Palabra. La Biblia solo transforma cuando se lee con oración y con la disposición sincera de obedecer lo que Dios revela en ella.

El cáncer silencioso se infiltra cuando el creyente cree que escuchar sermones es suficiente. La Palabra no puede delegarse solo al predicador, debe ser responsabilidad personal. Cada creyente debe ser estudiante diligente de la Biblia. Sin esa práctica, el error entra poco a poco. Gálatas 1:8 advierte: "Mas si aun nosotros, o un ángel del cielo, os anunciare otro evangelio diferente del que os hemos anunciado, sea anatema."

Por eso, la ignorancia bíblica facilita el engaño y destruye la fe verdadera. La iglesia necesita despertar y volver a la Escritura como centro. El pueblo que conoce a su Dios no será movido por la mentira. Daniel 11:32 afirma: "Mas el pueblo que conoce a su Dios se esforzará y actuará." Solo el conocimiento bíblico firme guarda al creyente de la confusión.

Estudio personal como defensa

El estudio personal de la Biblia no es un lujo, es una necesidad vital. Un creyente que depende solo de lo que escucha en la iglesia está incompleto. La vida cristiana exige un encuentro diario con la Palabra. Así como el cuerpo necesita alimento físico, el alma necesita alimento espiritual. Job dijo en Job 23:12: "Del mandamiento de sus labios nunca me separé; guardé las palabras de su boca más que mi comida."

El estudio personal fortalece la mente contra el error. Cuando el creyente conoce lo que la Escritura enseña, puede identificar fácilmente la mentira. La Palabra se convierte en un filtro que separa lo verdadero de lo falso. Un cristiano sin estudio es vulnerable, pero un cristiano que estudia se vuelve fuerte. Como ilustración, un soldado entrenado no se confunde con un arma falsa.

La defensa más fuerte contra el engaño es un corazón lleno de la Palabra. El salmista declaró en Salmo 119:11: "En mi corazón he guardado tus dichos, para no pecar contra ti." Esa disciplina protege de tentaciones y de falsas enseñanzas. No se trata solo de leer, sino de guardar y aplicar lo aprendido. La Palabra guardada se convierte en escudo contra la mentira.

El estudio personal también profundiza la relación con Dios. La Biblia no es solo un libro de reglas, es la voz viva del Señor. Cada lectura es una oportunidad de escuchar al Padre hablar a su pueblo. Esto fortalece la fe y da dirección clara en tiempos de confusión. Sin la Palabra, la oración pierde fuerza y la fe se debilita. Con ella, todo cobra sentido.

La disciplina de estudiar debe ser constante y no ocasional. No basta con leer solo en momentos de crisis. El creyente debe establecer un hábito diario de meditación y reflexión en la Escritura. La madurez espiritual se construye poco a poco, como ladrillos en una pared. Los hombres y mujeres que hacen de la Biblia su vida diaria son los que Dios usa con poder.

El estudio personal es también una forma de preparación para enseñar a otros. Todo creyente tiene la responsabilidad de discipular y guiar. Sin conocimiento, no hay autoridad para hacerlo. Pablo exhortó a Timoteo a ocuparse en la lectura y la enseñanza. 1 Timoteo 4:13 dice: "Entre tanto que voy, ocúpate en la lectura, la exhortación y la enseñanza." La Biblia es el fundamento de todo ministerio.

Por eso, el estudio personal es la defensa más efectiva contra el engaño. No basta con depender de otros, cada uno debe buscar la verdad directamente en la Palabra. La iglesia se fortalece cuando sus miembros son estudiantes constantes. Una congregación bíblicamente sólida es un muro contra el error. Nehemías 8:8 muestra el ejemplo: "Y leían en el libro de la ley de Dios claramente, y ponían el sentido, de modo que entendiesen la lectura."

La Palabra como arma de Verdad

La Biblia no es solo un libro de enseñanzas, es un arma espiritual poderosa. Efesios 6:17 la llama "la espada del Espíritu, que es la palabra de Dios." Con ella, el creyente puede resistir al enemigo y vencer la mentira. Una espada guardada en la vaina no sirve de nada; debe usarse. Así también, una Biblia cerrada no protege ni transforma.

La Palabra desenmascara el error y revela la verdad. Cuando Jesús fue tentado en el desierto, no usó argumentos humanos, sino la Escritura. Cada respuesta fue: "Escrito está." Esa es la forma en que el creyente vence al diablo. La Palabra no es opcional, es indispensable. Como ilustración, un soldado sin espada no puede enfrentar al enemigo.

El arma de la verdad también protege a la iglesia de la división. Muchas controversias se resuelven cuando se vuelve al texto bíblico. El problema no es la falta de respuestas, sino la falta de búsqueda. La Biblia ilumina cualquier situación y muestra el camino correcto. Salmo 119:105 dice: "Lámpara es a mis pies tu palabra, y lumbrera a mi camino."

La Palabra también es un arma ofensiva contra el engaño. No solo nos defiende, sino que avanza y transforma. Donde se predica la verdad, las tinieblas retroceden. La Escritura tiene poder para derribar fortalezas de error. 2 Corintios 10:4 declara: "Porque las armas de nuestra milicia no son carnales, sino poderosas en Dios para la destrucción de fortalezas." La verdad desarma al enemigo.

Usar la Palabra como arma exige conocimiento y práctica. No se trata de repetir frases sueltas, sino de entender el contexto y aplicarlo correctamente. Un creyente que maneja bien la Escritura se vuelve un guerrero eficaz. Pablo instruyó a Timoteo en 2 Timoteo 2:15: "Procura con diligencia presentarte a Dios aprobado, como obrero que no tiene de qué avergonzarse, que usa bien la palabra de verdad." La precisión es vital en la batalla.

La Palabra como arma también edifica al mismo tiempo que confronta. No hiere para destruir, sino para sanar. Corrige al pecador, pero restaura al arrepentido. Esa doble función la hace indispensable para el ministerio cristiano. La Palabra de Dios confronta para transformar y sana para llevar a salvación.

Por eso, la iglesia debe redescubrir la Palabra como su principal arma de verdad. El analfabetismo bíblico debilita, pero la Escritura fortalece. El creyente que vive en la Palabra no será engañado por doctrinas falsas. Juan 8:32 afirma: "Y conoceréis la verdad, y la verdad os hará libres." La libertad solo se encuentra en la Palabra viva de Dios.

CAPÌTULO 13
LA LEALTAD A UNA IGLESIA NO DEBE SUPERAR LA LEALTAD A CRISTO

Colosenses 1:18

Y él es la cabeza del cuerpo que es la iglesia, él que es el principio, el primogénito de entre los muertos, para que en todo tenga la preeminencia."

Introducción

La iglesia local es un regalo de Dios, pero nunca debe ocupar el lugar que solo le pertenece a Cristo. La lealtad genuina del creyente debe ser primeramente hacia el Señor, no hacia una institución o un líder. Cuando la devoción a una iglesia sobrepasa la devoción a Cristo, se cae en una forma de idolatría ministerial. Esto ha sucedido a lo largo de la historia y sigue siendo un peligro actual. La verdadera lealtad espiritual se mide en relación con Cristo.

El peligro de confundir la lealtad es que el creyente termina defendiendo estructuras humanas más que la verdad del evangelio. Se puede llegar a justificar pecados o errores por el simple hecho de no querer ver afectada la imagen de una congregación. Eso no es fidelidad, sino ceguera espiritual. Cristo es la cabeza de la iglesia, y toda autoridad humana debe estar sujeta a Él. Efesios 5:23 nos recuerda que "Cristo es la cabeza de la iglesia, la cual es su cuerpo, y él es su Salvador."

No se trata de despreciar la iglesia local ni de vivir sin compromiso. La congregación es parte del plan de Dios y es el lugar donde crecemos y servimos juntos. Sin embargo, ese compromiso no debe convertirse en un reemplazo de nuestra obediencia a Cristo. El orden es claro: Cristo primero, la iglesia después. Cuando se invierte ese orden, el creyente se expone al engaño. Un corazón rendido a Cristo permanece firme, porque no teme la opinión ni el juicio de los hombres.

La polarización que vivimos hoy también se refleja en este tema. Algunos rechazan toda iglesia y dicen seguir solo a Cristo, lo cual es un error, porque niegan la vida en comunidad. Otros absolutizan a su iglesia al punto de no cuestionar nada, lo cual también es un error. El camino bíblico es el balance: amar la iglesia, pero dar a Cristo el primer lugar. La lealtad a Cristo es la que sostiene la lealtad correcta a la iglesia.

El creyente debe aprender a discernir cuando la lealtad se ha desviado. Si defender una iglesia me lleva a negar lo que Cristo enseñó, he perdido el rumbo. La lealtad a Cristo nunca se contradice con la fidelidad a la verdad. Una iglesia verdadera se alegra de que sus miembros sean fieles al Señor antes que a ella. Juan el Bautista lo expresó claramente en Juan 3:30: "Es necesario que él crezca, pero que yo mengüe."

El amor a la iglesia se demuestra mejor cuando se la guarda en obediencia a Cristo. No se trata de abandonar la congregación por cualquier desacuerdo, sino de recordar quién es la Cabeza. Ninguna iglesia es perfecta, pero todas deben permanecer bajo el señorío de Cristo. Cuando una iglesia falla, los miembros deben llamar a la corrección con amor. La lealtad genuina nos mantiene firmes en Cristo en medio de cualquier error humano.

En este capítulo estudiaremos tres verdades clave que nos ayudan a mantener la lealtad en su lugar. Primero, aprenderemos a **evitar la idolatría ministerial**, recordando que ningún líder o iglesia puede ocupar el lugar de Cristo. Segundo, veremos cómo **discernir cuándo una iglesia perdió el mensaje**, para no ser arrastrados por la confusión. Finalmente, reflexionaremos en la necesidad de **seguir a Cristo sobre seguir hombres**, lo cual asegura nuestra fidelidad. Como dijo un predicador fiel: "La iglesia salva cuando predica a Cristo; Cristo salva siempre porque es el evangelio mismo."

Evitar idolatría ministerial

La idolatría ministerial ocurre cuando se coloca a la iglesia o a sus líderes por encima de Cristo. Esto puede suceder de manera sutil, cuando se sigue más la voz de un hombre que la voz de la Palabra. El creyente debe recordar que todo líder es humano y puede fallar. La única figura perfecta e infalible es Jesucristo. 1 Corintios 3:5 nos recuerda: "¿Qué, pues, es Pablo, y qué es Apolos? Servidores por medio de los cuales habéis creído."

El peligro de idolatrar ministerios es que se pierde la objetividad espiritual. En lugar de discernir con la Palabra, se justifica todo lo que el líder diga o haga. Esto lleva a la iglesia a caer en errores colectivos que podrían haberse evitado. El llamado bíblico es a probarlo todo y retener lo bueno. Como ilustración, un capitán humano puede guiar, pero si el mapa es falso, el barco se pierde.

Cristo debe ser siempre el centro de nuestra devoción. Cualquier cosa que ocupe su lugar, por más noble que parezca, se convierte en idolatría. Aun el ministerio más exitoso no puede sustituir a la obediencia al Señor. La iglesia necesita volver a reconocer a Cristo como cabeza visible de su pueblo. Colosenses 2:19 dice: "Y no asiéndose de la cabeza, en virtud de quien todo el cuerpo, nutriéndose y uniéndose por las coyunturas y ligamentos, crece con el crecimiento que da Dios."

La idolatría ministerial también crea divisiones. Los corintios se dividían diciendo: "Yo soy de Pablo" o "Yo de Apolos." Pablo reprendió esa actitud porque solo Cristo debía ser el centro. Hoy sucede lo mismo cuando se absolutizan nombres, templos o denominaciones. El creyente debe amar a su iglesia, pero nunca por encima de amar a Cristo. Solo Cristo tiene autoridad sobre la conciencia del creyente y ningún otro puede ocupar ese lugar.

El peligro es mayor cuando la gente confunde la voz del hombre con la voz de Dios. Eso lleva a la manipulación espiritual, donde se obedece sin discernimiento. Dios nunca delegó su autoridad para ser reemplazado, sino para ser representado. La diferencia es vital. El líder fiel siempre apunta a Cristo, no a sí mismo. El discípulo fiel siempre sigue la voz del Pastor eterno.

La idolatría ministerial roba la gloria que solo pertenece a Dios. La iglesia no puede ser un escenario para engrandecer nombres humanos. Cuando los hombres ocupan el lugar central, Cristo es desplazado. La gloria del evangelio es que Cristo sea exaltado en todo. Isaías 42:8 dice: "Yo Jehová; este es mi nombre; y a otro no daré mi gloria, ni mi alabanza a esculturas."

Por eso, el creyente debe vigilar su corazón y evitar la idolatría ministerial. La lealtad verdadera se demuestra poniendo a Cristo primero, aun por encima de lo más amado. La iglesia es preciosa, pero no es Dios. La fidelidad a Cristo garantiza que la iglesia permanezca en el camino correcto. Solo así se mantiene la pureza del evangelio.

Discernir cuándo una iglesia perdió el mensaje

Una iglesia puede tener nombre de viva y estar muerta. Eso fue lo que el Señor le dijo a la iglesia en Sardis en Apocalipsis 3:1. No basta con tener actividades, música y programas si el mensaje de Cristo ya no está presente. El peligro de aferrarse ciegamente a una iglesia es no discernir cuándo ha dejado de predicar la verdad. Una iglesia sin el mensaje de Cristo es solo una institución vacía.

Discernir implica observar con claridad lo que se enseña y se practica. Si la Palabra deja de ser el centro, esa iglesia perdió el rumbo. Muchas congregaciones caen en el error de predicar motivación humana en lugar de arrepentimiento y santidad. Eso puede atraer multitudes, pero no produce transformación. El creyente maduro debe estar alerta. Como ilustración, un río puede ser caudaloso pero estar contaminado en su origen.

Cuando una iglesia sustituye la cruz por entretenimiento, ha perdido el mensaje. Cuando calla frente al pecado por temor a ofender, ha perdido el mensaje. Cuando exalta más a sus líderes que a Cristo, ha perdido el mensaje. Estos son signos de alarma que todo creyente debe reconocer. El amor verdadero a la iglesia consiste en llamarla a volver a la verdad.

El Espíritu Santo siempre dará testimonio de Cristo. Si un mover o un mensaje no exalta a Cristo ni conduce a la obediencia, no es de Dios. La fidelidad a Cristo es el estándar con el cual medimos toda enseñanza. Juan 16:14 dice del Espíritu: "Él me glorificará; porque tomará de lo mío, y os lo hará saber." Si Cristo no es exaltado, el mensaje se ha perdido.

Discernir también requiere valentía, porque implica reconocer cuando lo amado ya no refleja a Cristo. Muchos prefieren callar para no incomodar, pero eso solo prolonga el engaño. El creyente fiel debe amar la verdad por encima de su comodidad. La lealtad a Cristo siempre estará por encima de la lealtad a una institución. Es mejor permanecer fiel a Cristo en soledad que traicionarlo por complacer a una multitud.

La iglesia que pierde el mensaje no deja de ser iglesia por tener un edificio o un nombre. La esencia de la iglesia está en predicar el evangelio y vivirlo. Cuando eso desaparece, queda solo una forma vacía. Por eso, el creyente debe discernir para no ser arrastrado por lo externo. La fidelidad a Cristo lo protege del error.

Por eso, discernir cuándo una iglesia perdió el mensaje es un acto de obediencia. No se trata de abandonar la congregación por orgullo, sino de mantener la fidelidad a Cristo. Cuando la iglesia vuelve a la Palabra, entonces el creyente puede permanecer en comunión. Si no lo hace, su lealtad sigue siendo al Señor. Apocalipsis 2:25 exhorta: "Pero lo que tenéis, retenedlo hasta que yo venga."

Seguir a Cristo sobre seguir hombres

La lealtad suprema del creyente es a Cristo, no a los hombres. Pablo lo expresó en 1 Corintios 11:1: "Sed imitadores de mí, así como yo de Cristo." La autoridad humana es válida solo en la medida en que apunta al Señor. Cuando seguir a un hombre implica desviarse de Cristo, el creyente debe elegir siempre al Maestro. La cruz nunca debe ser sustituida por un nombre humano.

Seguir a Cristo significa obedecer su Palabra por encima de tradiciones humanas. Muchas veces la gente defiende costumbres de iglesia como si fueran mandamientos divinos. Sin embargo, lo único eterno es la Palabra de Dios. El creyente fiel debe tener discernimiento para distinguir entre lo humano y lo divino. Esa claridad lo guarda del engaño. Como ilustración, una brújula siempre señala al norte aunque otros quieran convencer de lo contrario.

El ejemplo bíblico es claro en mostrar que los hombres fallan. Pedro negó al Señor, Tomás dudó y Pablo mismo reconoció su debilidad. Sin embargo, Cristo nunca falló. Por eso, la fe debe estar puesta en Él y no en ningún líder humano. Seguir hombres es riesgoso; seguir a Cristo es seguro. Hebreos 12:2 dice: "Puestos los ojos en Jesús, el autor y consumador de la fe."

Seguir a Cristo no significa despreciar la autoridad espiritual, sino someterla a la verdad. El creyente respeta a sus pastores y líderes, pero recuerda que todos somos siervos bajo un mismo Señor. Cuando un líder sigue a Cristo, imitarlo es correcto. Cuando no, es necesario seguir al verdadero Pastor. La lealtad última es solo a Él.

El llamado de Jesús a sus discípulos fue siempre personal: "Sígueme." Esa invitación sigue vigente para todo creyente hoy. No se trata de seguir una multitud, sino al Maestro. Esa relación directa con Cristo es lo que sostiene la fe en medio de la prueba. El verdadero cristiano sigue firme en obediencia a Cristo, aun si le toca caminar en soledad.

La lealtad a Cristo asegura la unidad verdadera de la iglesia. Cuando todos siguen al mismo Señor, la comunidad se fortalece en amor y en verdad. Cuando cada uno sigue a hombres, surge la división. El único camino seguro es mantener a Cristo como centro de todo. La cruz debe ser el estandarte de la iglesia.

Por eso, el creyente debe afirmar su decisión: seguir a Cristo sobre seguir hombres. La lealtad suprema es al Salvador que dio su vida por nosotros. Ningún hombre merece lo que solo Cristo ganó con su sangre. Juan 14:6 dice: "Yo soy el camino, y la verdad, y la vida; nadie viene al Padre, sino por mí." Ese es el fundamento inmutable de la fe.

CAPÌTULO 14
VOLVER AL ALTAR: LA RESTAURACIÓN COMIENZA EN LO SECRETO

Mateo 6:6

Mas tú, cuando ores, entra en tu aposento, y cerrada la puerta, ora a tu Padre que está en secreto; y tu Padre que ve en lo secreto te recompensará en público.

Introducción

El altar personal es el lugar donde comienza toda verdadera restauración. No se trata de un mueble físico, sino de la disciplina de buscar a Dios en lo secreto. Cuando el creyente pierde el altar, pierde la fuente de fuerza espiritual. Sin oración personal, la fe se vuelve superficial y vulnerable. Todo mover de Dios en la vida del creyente nace en respuesta a una vida de oración sincera y constante.

A lo largo de la historia bíblica, los grandes hombres y mujeres de Dios tuvieron un altar secreto. Abraham levantaba altares en cada lugar donde iba, mostrando su dependencia de Dios. Moisés entraba en la presencia del Señor en la tienda de reunión antes de guiar al pueblo. Daniel oraba tres veces al día aun bajo amenaza de muerte. La vida privada de oración siempre precedía a la vida pública de impacto.

La iglesia moderna enfrenta el peligro de reemplazar lo secreto con lo visible. Muchos creen que asistir a servicios o participar en actividades religiosas es suficiente. Sin embargo, sin un altar personal esas actividades se vuelven vacías. La fuerza espiritual no viene de lo externo, sino de la comunión íntima con Dios. El altar secreto es la base de la verdadera adoración.

El abandono del altar produce debilidad en el carácter cristiano. Cuando no se ora, se toman decisiones carnales y se busca dirección en la emoción. El altar secreto es el lugar donde el creyente recibe dirección, fortaleza y discernimiento. Sin él, la vida espiritual se deteriora lentamente. Oseas 10:12 exhorta: "Sembrad para vosotros en justicia, segad para vosotros en misericordia; haced para vosotros barbecho; porque es el tiempo de buscar a Jehová."

Volver al altar significa recuperar la intimidad con Dios. Significa cerrar la puerta al ruido del mundo y abrir el corazón a la voz del Espíritu. Es allí donde se restaura el alma y se enciende nuevamente el fuego interior. Ninguna actividad externa puede sustituir esa experiencia. La restauración comienza en lo secreto y se refleja en lo público.

La polarización actual también afecta este aspecto. Algunos se enfocan solo en las actividades visibles de la iglesia, mientras otros descuidan la vida congregacional por un misticismo privado. El balance bíblico es claro: lo secreto fortalece lo público, y lo público confirma lo secreto. No se puede sostener una sin la otra. La raíz está siempre en la intimidad con Dios.

En este capítulo reflexionaremos en tres aspectos fundamentales para volver al altar. Primero, veremos la necesidad de **restaurar la oración personal**, como el fundamento de la vida cristiana. Segundo, estudiaremos cómo la **vida de consagración debe ser prioridad** por encima de todo. Finalmente, entenderemos que la **intimidad con Dios está por encima de las actividades religiosas**, porque lo externo sin lo interno es vacío. Como dijo un predicador fiel: "Lo que haces en secreto con Dios, Él lo manifestará con poder en público."

Restaurar la oración personal

La oración personal es el oxígeno de la vida espiritual. Sin ella, el creyente se asfixia en medio de las presiones del mundo. No se trata de orar solo en emergencias, sino de cultivar una relación diaria con el Señor. Jesús mismo buscaba lugares apartados para orar al Padre. Marcos 1:35 dice: "Levantándose muy de mañana, siendo aún muy oscuro, salió y se fue a un lugar desierto, y allí oraba."

Restaurar la oración personal implica reconocer que sin ella no hay victoria. Muchos intentan luchar con fuerzas propias, pero fracasan porque no han estado en el secreto con Dios. El altar personal es el lugar donde se reciben fuerzas renovadas. Es allí donde el creyente se reviste del poder del Espíritu. Como ilustración, un soldado no va a la guerra sin primero ponerse su armadura.

La oración personal es también un lugar de sinceridad. Allí el creyente puede abrir su corazón sin máscaras ni apariencias. Es donde las lágrimas sinceras son escuchadas y las cargas son depositadas ante el Padre. El secreto revela la verdadera condición del alma. Salmo 34:17 dice: "Claman los justos, y Jehová oye, y los libra de todas sus angustias."

Sin oración personal no hay discernimiento espiritual. El creyente que no ora depende de la opinión de otros y no de la voz de Dios. La oración abre los oídos espirituales para reconocer la voluntad del Señor. Una iglesia llena de programas, pero vacía de oración, está destinada al fracaso. El altar personal es el secreto de la visión y la dirección.

La oración personal también fortalece la fe en tiempos de prueba. En el secreto se aprende a confiar cuando todo alrededor parece incierto. La fe se afirma no en lo que se ve, sino en la comunión con el invisible. Esa práctica constante prepara para resistir las tormentas de la vida. En la oración el alma se llena de la vida misma de Dios y recibe nuevas fuerzas para perseverar.

Restaurar la oración requiere disciplina. No siempre habrá deseo, pero la obediencia crea hábito. Poco a poco, el corazón se acostumbra a deleitarse en la presencia de Dios. Lo que al inicio parece un sacrificio se convierte en un deleite. La perseverancia abre las puertas a la intimidad.

Por eso, la iglesia debe volver al altar de la oración personal. Ninguna estrategia humana puede reemplazar lo que el secreto con Dios produce. El avivamiento no comienza en las multitudes, sino en los aposentos. Mateo 26:41 exhorta: "Velad y orad, para que no entréis en tentación; el espíritu a la verdad está dispuesto, pero la carne es débil." Esa es la clave de la victoria.

Vida de consagración como prioridad

La oración sin consagración es incompleta. Volver al altar significa también vivir una vida separada para Dios. La consagración no se trata de rituales externos, sino de rendir el corazón al Señor. Es darle a Dios el primer lugar en todo lo que hacemos. Romanos 12:1 dice: "Así que, hermanos, os ruego por las misericordias de Dios, que presentéis vuestros cuerpos en sacrificio vivo, santo, agradable a Dios, que es vuestro culto racional."

La consagración es una decisión diaria. No se logra en un solo momento, sino en una entrega constante. El creyente consagrado busca agradar a Dios en lo público y en lo secreto. Sus prioridades cambian y su estilo de vida refleja el señorío de Cristo. La consagración no es perfección, pero sí obediencia. Como ilustración, un instrumento afinado se prepara cada día para sonar correctamente.

La vida consagrada protege al creyente del conformismo espiritual. Muchos caen en la rutina de la religión, pero carecen de pasión por Dios. La consagración enciende el fuego interior y mantiene el altar vivo. Sin ella, la oración se vuelve ritual vació. Con ella, la oración se convierte en comunión real. La diferencia está en el corazón entregado.

Consagrarse significa también renunciar a lo que estorba la relación con Dios. No se trata solo de dejar lo malo, sino de apartarse incluso de lo lícito que distrae. El corazón consagrado busca lo eterno por encima de lo temporal. Colosenses 3:2 dice: "Poned la mira en las cosas de arriba, no en las de la tierra." Ese enfoque mantiene la fe firme.

La consagración como prioridad también da testimonio al mundo. Una vida separada para Dios brilla en medio de la oscuridad. No necesita palabras elaboradas, porque el ejemplo habla más fuerte. La gente reconoce cuando un creyente vive lo que predica. La coherencia es fruto de la consagración. Y cuando un pueblo odia el pecado y ama a Dios de todo corazón, tiene el poder de impactar y transformar al mundo.

Una vida de consagración también fortalece la iglesia en su conjunto. Cuando los miembros están entregados, la comunidad se vuelve poderosa. Los ministerios florecen y la unidad se profundiza. La consagración personal edifica la comunión colectiva. El altar secreto sostiene el altar público.

Por eso, la consagración debe ser la prioridad de todo creyente. No basta con actividades religiosas ni con buenas intenciones. Dios busca corazones rendidos por completo a Él. Cuando la consagración es prioridad, la gloria de Dios se manifiesta. 2 Crónicas 16:9 dice: "Porque los ojos de Jehová contemplan toda la tierra, para mostrar su poder a favor de los que tienen corazón perfecto para con él."

Intimidad con Dios sobre actividades religiosas

Es posible estar ocupado en muchas cosas para Dios y olvidarse de estar con Dios. Marta estaba afanada sirviendo, mientras María se sentó a los pies de Jesús. Jesús dijo en Lucas 10:42: "Pero solo una cosa es necesaria; y María ha escogido la buena parte, la cual no le será quitada." Esa es la esencia de la intimidad: escoger la mejor parte.

Las actividades religiosas tienen valor, pero no sustituyen la intimidad con Dios. Una iglesia puede estar llena de eventos, programas y reuniones, pero vacía de comunión real. El Señor busca adoradores en espíritu y en verdad, no agendas llenas. La intimidad con Dios se cultiva en el secreto, no en la plataforma. El altar personal es superior a cualquier actividad pública.

La intimidad con Dios produce transformación. Ningún sermón, por poderoso que sea, sustituye la voz del Espíritu en el secreto. Allí el creyente es confrontado, restaurado y fortalecido. Las actividades religiosas pueden motivar, pero solo la intimidad cambia el corazón. Como ilustración, una semilla crece en lo escondido antes de dar fruto visible.

El peligro de priorizar las actividades sobre la intimidad es caer en activismo religioso. Esto produce agotamiento, frustración y superficialidad espiritual. Muchos trabajan para Dios sin estar con Dios. La intimidad es lo que renueva fuerzas y mantiene viva la pasión. Sin ella, todo se vuelve rutina vacía.

La intimidad con Dios también es la fuente de visión para el ministerio. Moisés recibió dirección en la presencia de Dios antes de guiar al pueblo. Isaías fue transformado en la presencia del Señor antes de responder: "Heme aquí, envíame a mí." El ministerio verdadero nace del secreto. Las actividades solo son efectivas cuando brotan de la intimidad.

Una vida de intimidad también protege contra el engaño. Cuando el creyente escucha la voz del Señor en lo secreto, no se deja confundir por voces externas. La relación personal con Dios se convierte en ancla en medio de la confusión. El discernimiento florece en el altar secreto. La intimidad es el escudo de la fe.

Por eso, debemos poner la intimidad con Dios por encima de cualquier actividad religiosa. El altar secreto es el verdadero motor de la vida cristiana. Una iglesia que ora y busca al Señor en lo secreto será fuerte en lo público. Isaías 40:31 dice: "Pero los que esperan a Jehová tendrán nuevas fuerzas; levantarán alas como las águilas; correrán, y no se cansarán; caminarán, y no se fatigarán." Esa es la recompensa de volver al altar.

CAPÍTULO 15
EL MENSAJE ESTÀ VIVO, SI TÚ LO VIVES

Santiago 1:22
Pero sed hacedores de la palabra, y no tan solamente oidores, engañándoos a vosotros mismos.

Introducción

El evangelio no fue dado solo para ser escuchado, sino para ser vivido. Muchas personas reconocen la verdad bíblica, pero no la ponen en práctica en su vida diaria. Esa desconexión entre lo que se oye y lo que se hace es una de las causas principales de la debilidad espiritual. El mensaje de Cristo cobra poder cuando se encarna en nuestras acciones y decisiones. El evangelio no es solo un anuncio, es un estilo de vida.

La polarización en la iglesia se alimenta cuando hay quienes hablan de verdad pero no la viven. Eso genera confusión, decepción y hasta hipocresía. El Señor no busca solo correctas declaraciones de fe, sino vidas transformadas por su Palabra. El poder del evangelio se manifiesta en el testimonio, no solo en los argumentos. Una iglesia compuesta por creyentes que odian el pecado y aman a Dios con todo su ser tiene la capacidad de sacudir al mundo.

Reconocer errores es un primer paso, pero no es suficiente. Muchos admiten sus fallas, pero no cambian su conducta. El verdadero arrepentimiento se ve en frutos de transformación. Juan el Bautista dijo: "Haced, pues, frutos dignos de arrepentimiento" (Lucas 3:8). El mensaje está vivo cuando produce obras que confirman lo que confesamos.

La iglesia necesita recordar que la Palabra es viva y eficaz. No es letra muerta ni filosofía humana, sino poder de Dios para salvar. Cada creyente está llamado a encarnar esa verdad en su diario vivir. Cuando se vive el evangelio, la luz brilla en medio de las tinieblas. Hebreos 4:12 afirma: "Porque la palabra de Dios es viva y eficaz, y más cortante que toda espada de dos filos."

El mensaje de Cristo no es un adorno para los domingos, sino la base de la vida diaria. El desafío del cristiano no está en escuchar, sino en obedecer. Dios se agrada más de la obediencia que de los sacrificios externos. Lo que cambia el mundo no son los discursos, sino las vidas rendidas. 1 Samuel 15:22 recuerda: "¿Se complace Jehová tanto en los holocaustos y víctimas, como en que se obedezca a las palabras de Jehová?"

El evangelio cobra credibilidad en el mundo cuando es vivido. Las palabras se vuelven poderosas cuando están respaldadas por hechos. El testimonio cristiano es la carta abierta que el mundo lee. Una fe sin obras es muerta, pero una fe vivida da gloria a Dios. Santiago 2:17 declara: "Así también la fe, si no tiene obras, es muerta en sí misma."

En este capítulo aprenderemos tres verdades esenciales para vivir un evangelio auténtico. Primero, veremos que **reconocer errores no basta**, porque el llamado es a un cambio verdadero. Segundo, reflexionaremos en **el llamado a vivir el evangelio verdadero**, no como teoría, sino como práctica constante. Finalmente, meditaremos en cómo **reflejar el mensaje de Cristo en el mundo**, siendo cartas vivas que anuncian al Salvador. Como dijo un predicador fiel: "La Biblia más leída por el mundo es la vida de los creyentes."

Reconocer errores no basta

El reconocimiento de un error es apenas el inicio del camino. Es fácil admitir fallas, pero más difícil es apartarse de ellas. El arrepentimiento verdadero implica cambio, no solo palabras. Dios no busca confesiones vacías, sino corazones transformados. Proverbios 28:13 dice: "El que encubre sus pecados no prosperará; mas el que los confiesa y se aparta alcanzará misericordia."

La Biblia muestra que el simple reconocimiento no es suficiente. Faraón reconoció sus pecados frente a Moisés, pero su corazón no cambió. Saúl admitió su error con David, pero siguió en la misma actitud. Estos ejemplos muestran que no basta con reconocer, hay que dar frutos. El verdadero arrepentimiento produce obediencia y santidad. Como ilustración, un enfermo que reconoce su enfermedad pero no toma medicina no sanará.

El peligro de quedarse solo en el reconocimiento es caer en un ciclo de palabras sin transformación. Muchos se conforman con sentir culpa, pero nunca avanzan hacia la restauración. El evangelio llama a dar pasos concretos de cambio. La gracia de Dios no solo perdona, también capacita para vivir diferente. Tito 2:12 enseña: "Enseñándonos que, renunciando a la impiedad y a los deseos mundanos, vivamos en este siglo sobria, justa y piadosamente."

Reconocer un error debe ir acompañado de un compromiso de cambio. No es suficiente llorar por el pecado, hay que abandonarlo. El arrepentimiento se mide por la obediencia, no por la emoción. Cuando la confesión es genuina, se refleja en un nuevo caminar. Esa es la evidencia de una vida restaurada.

El creyente que reconoce pero no cambia se engaña a sí mismo. Santiago 1:23 compara al que oye la Palabra y no la hace con alguien que se mira en un espejo y luego olvida su rostro. El espejo sirve para corregir, no solo para ver. Así también, la Palabra revela para transformar. El reconocimiento debe impulsarnos a la acción.

La gracia de Dios está disponible para todo el que reconoce y cambia. No hay pecado demasiado grande que Cristo no pueda perdonar. Pero el perdón siempre va acompañado del llamado a una nueva vida. Jesús dijo a la mujer adúltera: "Ni yo te condeno; vete, y no peques más." (Juan 8:11). Esa es la esencia del evangelio: gracia y transformación.

Por eso, debemos entender que reconocer errores no basta. La vida cristiana no es un ciclo de culpas, sino un camino de obediencia. El arrepentimiento verdadero nos aleja del pecado y nos acerca a Cristo. El mensaje del evangelio cobra vida cuando lo vivimos con frutos. La evidencia más clara de un arrepentimiento genuino es una vida transformada.

El llamado a vivir el evangelio verdadero

El evangelio no es solo un mensaje para predicar, sino un estilo de vida que se debe reflejar en todo. Vivir el evangelio significa aplicar la Palabra en la familia, en el trabajo, en las relaciones y en las decisiones. No hay área de la vida que quede fuera del señorío de Cristo. La obediencia práctica demuestra la autenticidad de la fe. Juan 14:15 dice: "Si me amáis, guardad mis mandamientos."

Vivir el evangelio verdadero exige coherencia. No se puede predicar amor y vivir en odio, hablar de santidad y vivir en pecado. La coherencia entre lo que se dice y lo que se hace es lo que da credibilidad al mensaje. La falta de coherencia es lo que más hiere el testimonio cristiano en el mundo. Como ilustración, una lámpara no sirve de nada si nunca se enciende.

El evangelio vivido produce fruto que glorifica a Dios. El amor, la justicia, la misericordia y la santidad son señales de que la Palabra está activa en la vida. No se trata de perfección, sino de un caminar constante hacia la semejanza de Cristo. El Espíritu Santo es quien capacita para vivir lo que se predica. Gálatas 5:25 dice: "Si vivimos por el Espíritu, andemos también por el Espíritu."

El llamado a vivir el evangelio incluye negarse a sí mismo. Jesús dijo en Lucas 9:23: "Si alguno quiere venir en pos de mí, niéguese a sí mismo, tome su cruz cada día, y sígame." Ese llamado no es opcional, es el centro de la vida cristiana. Vivir el evangelio es un compromiso de obediencia diaria. El mensaje se hace real cuando se carga la cruz con fidelidad.

Vivir el evangelio también implica resistir la presión de un mundo contrario a Cristo. No siempre será fácil, pero la fidelidad da testimonio poderoso. Los primeros cristianos fueron perseguidos, pero su fe vivida impactó al Imperio. Hoy se necesita la misma valentía. Romanos 12:2 exhorta: "No os conforméis a este siglo, sino transformaos por medio de la renovación de vuestro entendimiento."

El evangelio verdadero no es una teoría que se aprende, sino una vida que se practica. Cada acto de obediencia hace visible el poder del mensaje. La fe sin obras es estéril, pero la fe con obras se convierte en luz. Esa es la esencia de la vida cristiana. El evangelio de Cristo no solo debe ser creído con la mente, sino vivido y demostrado con la vida.

Por eso, el llamado es a vivir el evangelio verdadero en todo tiempo. No basta con confesarlo con la boca, hay que mostrarlo con hechos. La vida cristiana auténtica es la que refleja a Cristo en cada detalle. El mensaje cobra poder cuando se vive. Filipenses 1:27 exhorta: "Solamente que os comportéis como es digno del evangelio de Cristo."

Reflejar el mensaje de Cristo en el mundo

El mundo no lee la Biblia, pero observa la vida de los creyentes. Cada cristiano es una carta abierta que comunica un mensaje, para bien o para mal. La forma en que vivimos habla más fuerte que nuestras palabras. Un evangelio vivido es un testimonio irrefutable. 2 Corintios 3:2 dice: "Nuestras cartas sois vosotros, escritas en nuestros corazones, conocidas y leídas por todos los hombres."

Reflejar a Cristo en el mundo significa vivir con integridad en lo cotidiano. No se trata solo de grandes gestos, sino de la fidelidad en lo pequeño. La honestidad en el trabajo, la paciencia en la familia y la misericordia en el trato son evidencias del evangelio vivo. Cuando otros ven esas actitudes, reconocen la diferencia. Como ilustración, la luz más pequeña brilla intensamente en la oscuridad.

El mensaje de Cristo cobra vida cuando transforma la manera en que tratamos a los demás. Jesús dijo en Juan 13:35: "En esto conocerán todos que sois mis discípulos, si tuviereis amor los unos con los otros." El amor es el reflejo más claro del evangelio. Una iglesia que ama genuinamente es una predicación viva al mundo. El amor práctico convence más que mil discursos.

Reflejar el evangelio también significa proclamar la verdad con valentía. No se trata de ocultar el mensaje para agradar al mundo, sino de anunciarlo con misericordia. El creyente debe ser sal y luz en medio de la sociedad. La sal preserva y la luz guía, ambas son esenciales. Mateo 5:16 dice: "Así alumbre vuestra luz delante de los hombres, para que vean vuestras buenas obras, y glorifiquen a vuestro Padre que está en los cielos."

El reflejo del evangelio debe ser constante y no intermitente. No podemos vivir como creyentes un día y como incrédulos al siguiente. La consistencia en la vida cristiana es lo que convence al mundo. El ejemplo fiel abre puertas que las palabras solas no abren. Esa constancia muestra que el mensaje está vivo.

Reflejar a Cristo no significa perfección, sino autenticidad. Cuando fallamos, reconocemos y nos levantamos con humildad. El mundo aprecia más la sinceridad que la apariencia. Mostrar dependencia de la gracia de Dios también es un testimonio poderoso. Lo que este tiempo necesita no son apariencias religiosas, sino creyentes genuinos que vivan como verdaderos testigos de Cristo.

Por eso, el llamado final es a reflejar el mensaje de Cristo en el mundo. La restauración comienza cuando la Palabra se hace vida en nosotros. El evangelio no es teoría, es poder para transformar. Romanos 1:16 declara: "Porque no me avergüenzo del evangelio, porque es poder de Dios para salvación a todo aquel que cree." Ese es el mensaje vivo que debemos encarnar.

APÈNDICE
PREGUNTAS PARA PROFUNDIZAR Y APLICAR

Cómo usar estas preguntas

Este apéndice no es un añadido opcional, sino una herramienta esencial para pasar de la lectura a la vida. El mensaje de este libro no busca quedarse en ideas que se admiran, sino en verdades que se encarnan. Las preguntas que aquí encontrarás fueron diseñadas para ayudar al creyente a examinarse a la luz de la Palabra, a dialogar con otros en un espíritu de discipulado y a guiar a la iglesia hacia una obediencia más profunda a Cristo.

Cada capítulo contiene **8 preguntas**: dos que corresponden a la **Introducción** y dos para cada uno de los **tres subtemas**. Esta distribución refleja la misma estructura con la que fue escrito el libro, asegurando que ningún aspecto quede sin examinar. La intención no es simplemente llenar hojas con respuestas, sino abrir espacios donde la Palabra confronte, ilumine y transforme.

Estas preguntas pueden usarse en distintos niveles:
- **Reflexión personal**: El creyente puede tomar un tiempo devocional para meditar en cada pregunta junto con la Biblia, escribiendo sus respuestas en un cuaderno espiritual. La meta es permitir que la Palabra de Dios penetre en áreas concretas de la vida, mostrando no solo lo que sabemos, sino cómo debemos vivirlo.

- **Discipulado intencional**: En encuentros entre dos o tres personas, estas preguntas sirven como punto de partida para conversaciones profundas y honestas. No buscan un debate intelectual, sino cultivar una relación de acompañamiento donde se practique la rendición de cuentas y el estímulo mutuo a la obediencia.

- **Vida comunitaria**: En grupos pequeños, clases o reuniones de liderazgo, las preguntas pueden usarse como guía para estudiar cada capítulo en conjunto. No es necesario responderlas todas en una sola ocasión; pueden seleccionarse según las necesidades del grupo. Lo esencial es que cada encuentro lleve a compromisos prácticos y no se quede en teorías.

Antes de responder, se recomienda siempre orar, pidiendo que el Espíritu Santo abra los ojos y el corazón. Después de reflexionar, es importante concluir con compromisos concretos que se traduzcan en acciones, y si es posible, compartirlos con alguien de confianza para mantenernos firmes en lo aprendido.

Este apéndice no pretende agotar el tema ni sustituir la voz del Espíritu, sino acompañar al lector y a la iglesia en el camino de volver al mensaje original de Cristo. Que cada pregunta se convierta en una oportunidad para escuchar la voz de Dios, obedecerla con fe y reflejar a Cristo en la vida diaria.

Parte 1: La iglesia polarizada - Cuando se perdió el mensaje

Capítulo 1: La falsa seguridad del crecimiento numérico

Introducción
1. ¿Qué significa para ti la diferencia entre "crecer" y "madurar" en la vida cristiana?
2. ¿Cómo evitar que la meta principal de una iglesia sea llenar sillas y no formar discípulos?

El número de asistentes reemplazó el discipulado
3. ¿Qué prácticas concretas ayudan a que los nuevos creyentes se integren en discipulado real?
4. ¿Cómo discernirías si tu iglesia está enfocada en cantidad o en calidad espiritual?

Megaiglesias sin profundidad
5. ¿Qué ejemplos modernos muestran la dificultad de discipular en congregaciones masivas?
6. ¿Cómo podrían las iglesias grandes crear procesos que aseguren acompañamiento personal?

Confusión entre éxito ministerial y éxito espiritual
7. ¿Qué indicadores falsos de éxito suelen confundirse con bendición de Dios?
8. ¿Qué criterios bíblicos propondrías para redefinir el verdadero éxito ministerial?

Capítulo 2: El evangelio personalizado: comodidad sobre confrontación

Introducción
1. ¿Qué riesgos trae un evangelio adaptado al gusto del oyente?
2. ¿Cómo equilibrar consuelo y confrontación en la predicación del evangelio?

Mensajes hechos a la medida del oyente
3. ¿Qué ejemplos actuales muestran mensajes diseñados para agradar en lugar de transformar?
4. ¿Cómo puedes cultivar un corazón dispuesto a escuchar verdades incómodas?

Eliminación de la cruz, el sacrificio y la santidad
5. ¿Qué implica abrazar la cruz de Cristo en la vida diaria?
6. ¿Qué áreas de tu vida necesitan volver a la santidad práctica?

Cristianos satisfechos emocionalmente, pero vacíos espiritualmente
7. ¿Qué señales evidencian satisfacción superficial en tu vida cristiana?
8. ¿Qué pasos prácticos te ayudan a profundizar en lugar de quedarte en lo emocional?

Capítulo 3: La exaltación de la cultura sobre el carácter de Cristo

Introducción
1. ¿Cómo puedes vivir en el mundo sin adoptar valores contrarios al evangelio?
2. ¿Qué principios innegociables sostendrás, aunque la cultura los rechace?

Iglesias que adoptan la cultura para no perder influencia
3. ¿Qué peligros ves en "suavizar" el mensaje para atraer multitudes?
4. ¿Cómo discernir entre contextualizar y comprometer la verdad?

Normalización del pecado bajo el disfraz de "amor"
5. ¿Qué significa amar verdaderamente sin justificar el pecado?
6. ¿Qué pasajes bíblicos usarías para enseñar que amor y santidad no se oponen?

Cancelación de principios bíblicos para no ofender
7. ¿Qué ejemplos actuales muestran esta cancelación?
8. ¿Cómo responderías a la presión de callar verdades bíblicas?

Capítulo 4: Cuando la revelación reemplaza la Palabra

Introducción
1. ¿Qué lugar debe tener la Palabra frente a cualquier experiencia espiritual?
2. ¿Cómo enseñar a otros a probar todo a la luz de la Escritura?

Profetas modernos sin autoridad bíblica
3. ¿Qué señales muestran a un "profeta" sin respaldo de la Palabra?
4. ¿Cómo reaccionarías ante enseñanzas carismáticas que desplazan la Biblia?

Revelaciones que contradicen la Escritura
5. ¿Qué ejemplos conoces de revelaciones que chocan con el evangelio bíblico?
6. ¿Qué principios usarías para discernir si algo viene de Dios?

Fieles a una voz, pero no a la Biblia
7. ¿Qué peligros surgen al depender de una figura espiritual más que de la Palabra?
8. ¿Cómo guiarías a alguien a reenfocarse en la Escritura?

Capítulo 5: Divididos entre extremos: el caos teológico de la iglesia moderna

Introducción
1. ¿Qué consecuencias trae vivir en polarización teológica dentro de la iglesia?
2. ¿Cómo cultivar unidad sin caer en relativismo?

Unos se aferran a lo antiguo y rechazan todo cambio
3. ¿Qué prácticas tradicionales edifican y cuáles se vuelven cargas?
4. ¿Cómo discernir entre convicción bíblica y simple costumbre?

Otros abrazan todo lo nuevo sin filtros
5. ¿Qué criterios bíblicos aplicarías para evaluar novedades?
6. ¿Cómo enseñar a una generación a discernir sin rechazar todo?

Ambos pierden el equilibrio del mensaje completo
7. ¿Qué significa mantener todo el consejo de Dios (Hechos 20:27)?
8. ¿Cómo aplicarías este principio en tu vida y ministerio?

Parte 2: La iglesia que mantiene el mensaje — Principios de una iglesia madura

Capítulo 6: Cristo como centro, no como decoración

Introducción
1. ¿Qué significa que Cristo sea el centro y no un adorno en tu vida espiritual?
2. ¿Cómo puedes ayudar a tu iglesia a evaluar si Cristo realmente es el enfoque principal?

El mensaje gira en torno a Cristo, no al público
3. ¿Qué riesgos trae centrar el mensaje en el oyente y no en Jesús?
4. ¿Qué ejemplos prácticos muestran predicación enfocada en Cristo?

La Palabra como autoridad máxima
5. ¿Cómo se manifiesta en tu vida diaria la autoridad de la Escritura?
6. ¿Qué decisiones recientes demuestran que sometes todo a la Palabra?

Toda revelación se sujeta a la Escritura
7. ¿Cómo discernir revelaciones a la luz de la Biblia?
8. ¿Qué pasajes clave usarías para enseñar este principio a otros?

Capítulo 7: La sana doctrina no es opcional

Introducción
1. ¿Qué entiendes por "sana doctrina" según la Biblia?
2. ¿Por qué crees que algunos la tratan como un lujo opcional?

Fundamento sólido y balanceado
3. ¿Qué pasos prácticos fortalecen un fundamento equilibrado en la fe?
4. ¿Qué riesgos hay en ignorar el balance bíblico?

Ni emocionalismo vacío ni frialdad teológica
5. ¿Cómo equilibrar pasión espiritual y profundidad doctrinal?
6. ¿Qué prácticas ayudan a mantener este balance en la iglesia?

Formación de creyentes y no de consumidores
7. ¿Qué distingue a un discípulo de un consumidor religioso?
8. ¿Qué estrategias concretas puedes implementar para formar discípulos?

Capítulo 8: El fruto antes que los dones

Introducción
1. ¿Por qué es más importante el fruto del Espíritu que los dones?
2. ¿Cómo puedes medir tu madurez espiritual por el carácter y no por habilidades?

Madurez espiritual medida por el carácter
3. ¿Qué evidencias personales muestran crecimiento en tu carácter cristiano?
4. ¿Qué áreas de tu carácter necesitan aún madurez?

Los dones dentro de límites bíblicos
5. ¿Qué principios bíblicos guían el uso correcto de los dones?
6. ¿Cómo protegerías tu iglesia de abusos en el ejercicio de dones?

Discernimiento sobre plataformas
7. ¿Qué señales indican que alguien busca plataforma más que servir a Dios?
8. ¿Qué medidas prácticas ayudan a evitar esa tentación?

Capítulo 9: Iglesia relacional y redentora

Introducción
1. ¿Qué significa ser una iglesia que sana relaciones y restaura vidas?
2. ¿Cómo cultivarías relaciones más profundas en tu comunidad de fe?

Restauración sobre espectáculo
3. ¿Qué ejemplos actuales muestran preferencia por espectáculo en lugar de restauración?
4. ¿Qué prácticas restaurativas podrías implementar en tu iglesia?

Comunión en lugar de entretenimiento
5. ¿Qué diferencias ves entre comunión verdadera y actividades sociales vacías?
6. ¿Qué pasos darías para fortalecer la comunión en tu vida personal?

Discípulos que discipulan
7. ¿Qué significa para ti discipular a otros intencionalmente?
8. ¿Cómo aplicarías Mateo 28:19–20 en tu contexto actual?

Capítulo 10: Unidad en la verdad, no en el compromiso

Introducción
1. ¿Cómo entiendes la diferencia entre unidad genuina y uniformidad forzada?
2. ¿Qué peligros trae comprometer la verdad en nombre de la unidad?

No negociar la verdad por membresía
3. ¿Qué convicciones nunca negociarías aunque afecten la asistencia?
4. ¿Qué ejemplos bíblicos muestran fidelidad a la verdad por encima de multitudes?

Confrontar con amor, no acomodar el pecado
5. ¿Cómo practicarías la confrontación amorosa en tu comunidad?
6. ¿Qué resultados esperas de una corrección hecha en amor?

La corrección como parte del amor verdadero
7. ¿Qué experiencias personales muestran que la corrección te ayudó a crecer?
8. ¿Qué pasajes usarías para enseñar que disciplina es una expresión de amor?

Parte 3: El creyente que no se deja arrastrar — Cómo discernir y resistir

Capítulo 11: No todo lo que brilla es espiritual

Introducción
1. ¿Cómo diferenciarías un mover del Espíritu de un simple mover emocional?
2. ¿Qué papel juega el discernimiento en la vida cristiana diaria?

Diferenciar mover emocional de mover del Espíritu
3. ¿Qué criterios bíblicos usarías para evaluar experiencias espirituales?
4. ¿Cómo ayudarías a otros a no confundir emociones con el Espíritu?

Evaluar la raíz, no solo el fruto visible
5. ¿Qué significa examinar la raíz de un ministerio o enseñanza?
6. ¿Qué ejemplos actuales muestran frutos aparentes sin raíces firmes?

El discernimiento como escudo contra el engaño

7. ¿Qué prácticas fortalecen tu discernimiento espiritual?
8. ¿Qué versículos usarías para enseñar a "probar los espíritus"?

Capítulo 12: Analfabetismo bíblico: el cáncer silencioso

Introducción

1. ¿Qué consecuencias trae la ignorancia bíblica en la iglesia?
2. ¿Cómo cultivarías hambre por la Palabra en tu vida personal?

La ignorancia bíblica facilita el engaño

3. ¿Qué ejemplos actuales muestran a creyentes engañados por falta de Biblia?
4. ¿Qué pasos tomarías para evitar caer en ese error?

Estudio personal como defensa

5. ¿Qué hábitos de estudio bíblico puedes comenzar hoy mismo?
6. ¿Qué beneficios trae la disciplina de la lectura constante de la Escritura?

La Palabra como arma de verdad

7. ¿Cómo aplicarías Efesios 6:17 en la práctica diaria?
8. ¿Qué situaciones actuales requieren que uses la Palabra como espada?

Capítulo 13: La lealtad a una iglesia no debe superar la lealtad a Cristo

Introducción

1. ¿Qué riesgos existen al priorizar la institución sobre la obediencia a Cristo?
2. ¿Qué significa obedecer a Dios antes que a los hombres en tu vida actual?

Evitar idolatría ministerial

3. ¿Qué ejemplos muestran idolatría hacia líderes o ministerios?
4. ¿Cómo mantener tu corazón enfocado solo en Cristo?

Discernir cuándo una iglesia perdió el mensaje

5. ¿Qué señales indicarían que una iglesia se ha desviado del evangelio?
6. ¿Cómo actuarías con sabiduría y gracia en esa situación?

Seguir a Cristo sobre seguir hombres

7. ¿Qué pasos prácticos refuerzan tu lealtad primera a Cristo?
8. ¿Qué pasajes te sostienen cuando obedecer a Dios cuesta rechazo humano?

Capítulo 14: Volver al altar: la restauración comienza en lo secreto

Introducción
1. ¿Qué significa para ti "volver al altar" en tu vida diaria?
2. ¿Cómo equilibrarías intimidad personal con Dios y servicio público?

Restaurar la oración personal
3. ¿Qué obstáculos enfrentas para orar de manera constante?
4. ¿Qué estrategias concretas puedes implementar para perseverar en oración?

Vida de consagración como prioridad
5. ¿Qué áreas necesitas rendir totalmente a Dios hoy?
6. ¿Qué prácticas demuestran consagración real y no solo palabras?

Intimidad con Dios sobre actividades religiosas
7. ¿Qué peligros hay en sustituir intimidad con activismo?
8. ¿Cómo puedes proteger tu vida espiritual en medio del servicio?

Capítulo 15: El mensaje está vivo, si tú lo vives

Introducción
1. ¿Qué significa para ti que el evangelio no es solo teoría, sino vida?
2. ¿Qué riesgos existen al reconocer errores sin tomar acción?

Reconocer errores no basta
3. ¿Qué errores personales has identificado y necesitas corregir con hechos?
4. ¿Qué barreras te impiden avanzar hacia cambios reales?

El llamado a vivir el evangelio verdadero
5. ¿Qué prácticas diarias te ayudan a vivir el evangelio?
6. ¿Cómo puedes modelar el evangelio en tu familia y comunidad?

Reflejar el mensaje de Cristo en el mundo
7. ¿Qué ejemplos concretos muestran que reflejas a Cristo en tu entorno?
8. ¿Qué pasos darás para ser luz más allá de tu congregación?

ACERCA DEL AUTOR

Diego Colón-Batiz es Obispo Ordenado con una trayectoria ministerial que abarca décadas de servicio en la predicación, la enseñanza y la formación de creyentes comprometidos con Cristo. Su llamado ha estado marcado por una profunda pasión por el discipulado y la restauración de la iglesia al mensaje genuino del evangelio.

A lo largo de su ministerio ha servido tanto en el ámbito local como en funciones más amplias dentro de la obra, distinguiéndose por su compromiso con la sana doctrina y su deseo de ver a la iglesia crecer en madurez espiritual. Su ministerio se ha caracterizado por confrontar el error con la verdad de la Palabra, siempre cubriendo esa confrontación con el amor y la misericordia que reflejan el corazón de Cristo.

Es autor de los libros *El Precio del Llamado: Lo que Significa Seguir a Cristo* y *El Ejército del Siglo 21: La Iglesia Armada para la Guerra Espiritual Moderna*, los cuales han servido como herramientas de formación espiritual y despertar en muchas iglesias. Con *El Mensaje Perdido: Respuestas Bíblicas a la Confusión Moderna*, continúa esa misma línea pastoral y profética, ofreciendo claridad en tiempos de confusión y polarización dentro del pueblo de Dios.

Está casado con la Pastora Viviana, quien sirve junto a él en la Iglesia El Refugio en Winter Haven Florida, compartiendo la carga pastoral y acompañando en la edificación de la iglesia. Juntos pastorean con dedicación, guiando a los creyentes a vivir un cristianismo auténtico y centrado en Cristo.

La vida y el ministerio de Diego se resumen en un solo propósito: levantar una iglesia que viva bajo la verdad de la Palabra, que permanezca firme en medio de la confusión del tiempo presente y que refleje a Cristo en todo lo que hace.